사역하는 그리스도인

교회체질 개선을 위한 평신도 훈련교재

장학일 지음

쿰란출판사

교회 체질 개선을 위한 평신도 훈련 교재

사역하는 그리스도인

요한복음2

서문

'생명 있는 그리스도인' 제1권은 요한복음 1-12장으로 구성되어 있습니다. 그 주제를 한마디로 표현하자면 **"세상에 주신 복음"**이라 할 수 있습니다. 그리고 그 핵심 메시지는 **"생명에서 사랑으로"**입니다. 즉 생명을 먼저 얻은 자들이 나가서 **"사랑을 행하라"**는 것입니다.

1권을 토대 삼아 제2권은 요한복음 13-21장으로 구성되어 있으며, 주제는 **"제자에게 주신 복음"**입니다. 여기서의 중심 내용은 **"사랑에서 생명으로"**입니다. 제자들이 주님으로부터 지극한 사랑을 받았으니 이제는 그 사랑에 기반하여 세상 사람들의 **"생명을 구하라"**는 것입니다. 그러므로 제2권은 그리스도인의 **'사역론'**을 담고 있습니다.

본 교재에서는 주님의 사역을 감당하는 자들을 **'하늘나라 사역자'**라고 이름 붙였습니다. 그 이유는 비록 육신은 이 땅을 딛고 살아가지만 우리의 모든 목적과 삶의 소망은 오직 하늘에 있기 때문입니다. 그래서 우리는 이 땅과 벗하지만 예속되지 않고, 기대어 살지만 침몰되지 않을 수 있는 것입니다. 우리 그리스도인들은 오로지 하나님의 목적이 이끄는 대로 살아가는 자들이며, 복음의 파수꾼이 되어 살아가는 자들입니다.

이 교재는 **'사역자란 어떤 존재인가'** 하는 물음에서부터 시작하여 12장에서 **'생명과 사랑을 전하는 자'**가 진정한 **'하늘나라의 사역자'**라는 대답을 얻어내기까지 철저하게 복음적인 정신으로 요한복음을 해석하기 위해 힘썼습니다. 여러모로 부족한 제가 너무나 방대한 저작인 요한복음을 올바로 해석하기 위해 여러 목회자들과 신학자들의 연구에 많은 빚을 졌음을 인정하지 않을 수 없습니다. 이것이 학문적인 서적이 아니기에 일일이 각주를 달 수는 없었지만, 깊은 진리를 깨닫는 단초를 제공해 준 여러 목회자들에게 이 자리를 빌려 감사의 말씀을 전합니다. 주님의 복음은 함께 공유할수록 더 풍성한 열매를 맺는 것이기에 기쁜 마음으로 그분들과 대화를 나눴습니다.

그러한 과정 속에서 이 진리의 길을 저 혼자 걷고 있는 것이 아니라 많은 이들이 함께하기 위해 노력하고 있다는 사실을 깨닫게 된 것은 연구 과정에 하나님이 주신 선물이라 생각합니다. 아무쪼록 요한이 전한 이 복음의 메시지를 통하여 먼저는 생명력을 잃어버린 그리스도인들이 새롭게 세워지고, 더 나아가 이 땅에 복음의 깃발이 힘차게 나부끼게 되기를 간절히 소원합니다.

마지막으로 이 졸저가 나오기까지 함께 애쓰고 고생해 준 밴드목회연구원의 모든 지체들과 나의 사랑하는 식구들, 그리고 무엇보다도 예수마을교회 지체들에게 진심 어린 감사의 마음을 전합니다. 이 교재가 전해지는 곳마다 생명의 역사가 충만히 일어나기를 다시 한번 기도드리며, 하나님께 모든 영광과 찬양을 올려드립니다.

"붉고 붉은 그리스도의 피를 인하여
이 땅에 푸르고 푸른 그리스도의 계절이 돌아오게 하라!"

2011년 6월
밴드목회연구원 서재에서
장 학 일 목사

목차

1과

사역자란?

(요 13:1-38)

1과

사역자란?

(요 13:1-38)

요한복음 13-17장에는 예수님께서 유대인의 지도자들에 의해 체포되기 전 마지막 고별사와 기도가 담겨져 있습니다. 그러므로 이곳에 남겨진 한마디 한마디는 모두 예수님의 유언과도 같은 말씀들입니다. 어느 것 하나 소홀히 할 수 없는 제자들과 이 시대의 그리스도인들을 향한 예수님의 간절한 음성을 우리는 들어야만 합니다. 그때에야 비로소 우리는 주님께서 원하시는 사명자로서의 삶을 살 수 있을 것입니다. 주님의 말씀을 가슴속 깊이 채워 그 사랑의 흔적을 전하는 것, 그것이 바로 사역자가 생명을 다해 이뤄가야 할 사명입니다.

그 생명의 말씀의 서두가 본문을 통해 열리고 있습니다. 자! 그렇다면 이제 주님의 뜻을 이 땅에 펼쳐 가야 할 사역자의 모습이 어떤 것인지 주님의 음성을 통해 알아봅시다.

1. 맡겨진 영혼을 끝까지 사랑하는 자

"유월절 전에 예수께서 자기가 세상을 떠나 아버지께로 돌아가실 때가 이른 줄 아시고 세상에 있는 '자기 사람들'을 사랑하시되 끝까지 사랑하시니라"(1절)

본문에서 말하고 있는 **'세상에 있는 자기 사람들'**이란, 예수님의 제자들을 일컫습니다. 이들은 세상이 보기에 지극히 작고 초라한 자들이었습니다. 그러나 예수님께서는 그들의 인간적인 조건을 보지 않으시고 친히 제자로 삼으셔서 끝까지 사랑하셨습니다.

그렇다면 오늘날 예수님의 **'자기 사람들'** 은 누굴까요? 바로 예수 그리스도를 믿고 따르는 '우리 자신' 입니다. 따라서 그분은 우리를 사랑하시되 끝까지 사랑해 주십니다. 이것은 선택된 사랑입니다. 그 사랑을 받아들임으로 우리는 온전히 **'주님께 속한 자'** 가 되는 것입니다.

> "내가 아버지의 말씀을 그들에게 주었사오매 세상이 그들을 미워하였사오니 이는 내가 세상에 속하지 아니함같이 그들도 세상에 속하지 아니함으로 인함이니이다"(요 17:14)

이 세상이 어떤 곳입니까? 예수님을 거절했고(요 1:10-11), 예수님을 따르는 제자들을 미워했던 곳(요 15:18-21)입니다. 그렇기 때문에 우리가 주님의 말씀을 따라 하나님의 사역자가 될 때 세상으로부터 미움을 받는 것은 당연한 일입니다. 하지만 그러한 세상의 핍박 가운데서도 우리는 꿋꿋이 주님 안에 거하는 삶을 살아가야만 합니다. 왜냐하면 그때에야 비로소 우리가 진정한 예수님의 **'자기 사람'** 으로 인정받기 때문입니다.

그렇다면 여기서 **'끝까지'** 사랑했다는 말의 의미가 무엇일까요? 그것은 우리의 생이 마치는 순간까지만을 의미하는 것이 아닙니다. 육신의 껍질을 넘어 영원한 생명을 얻게 되는 순간, 즉 천국에 이르는 그 순간까지 사랑하신다는 것을 뜻합니다. 그러므로 주님께 속한 이들에게 천국은 이미 약속되어진 것입니다. 바로 예수님의 사랑은 인간의 여건과 환경을 초월하는 그런 사랑입니다.

이러한 예수님의 모습을 통해 우리 스스로의 모습을 돌아봅시다. 과연 당신은 이 세상에서 생명의 복음을 함께 나눈 자기 사람들이 있습니까? 그리고 그들을 내 생명 다해 사랑하고 있습니까? 당신이 예수님과 같은 사역자가 되기 원한다면, 자신에게 맡겨진 영혼들을 그리스도의 복음으로 **'자기 사람'** 을 만들어야 합니다. 즉 주님의 제자가 되게 하라는 것입니다. 그리고 그들을 사랑하되 주님처럼 목숨을 다해 **'끝**

까지 사랑' 해야 합니다. 이러한 삶의 자세를 갖게 될 때에야 비로소 당신은 이 시대의 진정한 하늘나라의 사역자로 인정받게 될 것입니다.

"내 계명은 곧 내가 너희를 사랑한 것같이 너희도 서로 사랑하라 하는 이것이니라 사람이 친구를 위하여 자기 목숨을 버리면 이보다 더 큰 사랑이 없나니 너희는 내가 명하는 대로 행하면 곧 나의 친구라"(요 15:12-14)

2. 섬김과 봉사의 삶을 사는 자

"저녁 잡수시던 자리에서 일어나 겉옷을 벗고 수건을 가져다가 허리에 두르시고 이에 대야에 물을 떠서 제자들의 발을 씻으시고 그 두르신 수건으로 닦기를 시작하여"(4-5절)

예수님께서 제자들의 발을 씻기신 행동은 그리스도인의 삶이 어떠해야 하는가를 가장 대표적으로 보여주신 사건입니다. 당시 유대 사회에서 선생이 되어 제자들의 발을 씻긴다는 것은 상상조차 할 수 없는 일이었습니다. 그런데 예수님은 선생으로서 직접 제자들의 발을 닦아 주십니다. 이것은 당시 세상의 가치관과 질서를 송두리째 뒤집어 놓는 엄청난 **'가치 혁명'** 이었습니다.

이제 이 밤이 지나면 예수님은 십자가에 못 박혀 죽으셔야만 합니다. 그러나 제자들은 아직도 사랑이 무엇인지, 섬김이 무엇인지 알지 못하고 있습니다. 그래서 예수님은 참사랑과 섬김의 도를 직접 보여 주시고는 제자들로 하여금 그 길을 따르도록 하신 것입니다. 그런데 예수님께서 제자들의 발을 씻기시는 중에 베드로가 자신의 차례가 되자 **"내 발을 절대로 씻지 못하시리이다"(8절 상)**라고 말하며 막아섭니다. 우리가 보기에 당연한 사양입니다. 남의 발을 씻어주는 것은 아랫사람이나 종이 해야 할 일이지 스승이 할 일이 아니기 때문입니다.

그러나 예수님은 베드로의 사양을 겸손이라 칭찬하지 않으시고 **"내가 너를 씻어 주지 아니하면 네가 나와 상관이 없느니라"(8절 하)**고 오히려 꾸짖습니다. 이 말을 들은 베드로는 얼른 태도를 바꿔 **"내 발뿐 아니라 손과 머리도 씻어 주옵소서"(9절)라**고 간구합니다.

왜 이런 행동을 보입니까? 베드로가 예수님의 행위의 본질을 모르고 있기 때문입니다. 예수님이 제자들의 발을 씻기신 것은 그 목적이 **'씻는 것'** 에 있는 것이 아니라, **'씻는 행위'** 에 있었습니다. 즉 예수님 스스로가 선생이 되어 무릎을 꿇고 제자들의 발을 씻어 주신 것처럼, 그리스도인의 삶은 낮아짐으로 섬기는 삶이어야 함을 몸으로 말씀하셨던 것입니다.

> "내가 주와 또는 선생이 되어 너희 발을 씻었으니 너희도 서로 발을 씻어 주는 것이 옳으니라 내가 너희에게 행한 것같이 너희도 행하게 하려 하여 본을 보였노라"(14-15절)

다른 사람의 발을 씻겨 주기 위해서는 상대의 발 아래 무릎을 끓어

야만 합니다. 이것은 종의 자세와 마음을 취하지 않고서는 불가능합니다. 그러나 이것이 굴욕이나 수치가 아닌 이유는, **우리가 남을 섬기기 위해 무릎을 꿇게 될 때 비로소 우리의 발을 씻겨 주고 계신 주님과 만날 수 있기 때문**입니다. 진정한 섬김의 도가 무엇인지를 몸으로 보이시며 묵묵히 하늘의 뜻을 전하고 계시는 예수님의 마음을 느낄 수 있다는 말입니다.

사역자의 삶이란 바로 이런 것입니다. 예수님처럼 낮고 낮은 자리에서, 섬기고 또 섬김으로 주님의 마음과 맞닿는 것입니다. 바로 그 주님의 마음과 만나는 순간 우리는 참다운 사역의 길로 나아갈 수 있습니다.

> "너희 중에는 그렇지 않을지니 너희 중에 누구든지 크고자 하는 자는 너희를 섬기는 자가 되고 너희 중에 누구든지 으뜸이 되고자 하는 자는 모든 사람의 종이 되어야 하리라 인자가 온 것은 섬김을 받으려 함이 아니라 도리어 섬기려 하고 자기 목숨을 많은 사람의 대속물로 주려 함이니라"(막 10:43-45)

예수님은 남을 위해 자신을 철저히 희생하고 섬기는 자가 하나님 나라에서 큰 자라고 말씀하십니다. 그러고는 자신의 삶을 통해 그 진리를 가르치셨습니다. 결국 예수님은 **'십자가의 길'** 을 통하여 **'섬김의 삶'** 을 완성하셨습니다. 그렇기 때문에 우리가 하나님 나라의 큰 자가 되기 위해서는 예수님처럼 희생하고 섬기는 삶을 살아가야 합니다. 이러한 예수님의 말씀을 새겨듣고 그 뜻대로 살아가는 자가 진정으로 복된 자이며, 하나님이 원하시는 사역자입니다.

3. 참된 사랑의 공동체를 이루는 자

1) 공동체를 떠난 가룟 유다

"내가 너희 모두를 가리켜 말하는 것이 아니니라 나는 내가 택한 자들이 누구인지 앎이라"(18절 상)

주님께서는 **택함 받은 자**들이 누구인지 알고 계셨습니다. 여기서 **'모두는 아니라'** 고 말씀하신 이유는 곧 예수님을 배신할 가룟 유다를 염두에 두었기 때문입니다. 사람들이 보기에 가룟 유다는 충성되고 정직한 사람이었습니다. 그러나 예수님이 보기에 그는 주님의 공동체를 파괴할 자였습니다. 겉으로는 제자 공동체 안에서 섬기는 일을 다했지만, 영적으로는 어두움에 머물러 있으면서 주님의 공동체와 한 몸을 이루지 못했기 때문입니다.

"예수께서 이 말씀을 하시고 심령이 괴로워 증언하여 이르시되 내가 진실로 진실로 너희에게 이르노니 너희 중 하나가 나를 팔리라 하시니"(21절)

주님께서는 심히 괴로워하시며, 너희 중 한 사람이 나를 팔 것이라고 말씀하십니다. 예수님을 팔아넘기기로 작정한 가룟 유다가 그 말을 듣고 지금이라도 돌아설 것을 바라시며 하신 말씀입니다. 너무나 충격적인 말을 들은 제자들은 이것이 과연 누구에게 하는 말씀인지 몰라 당황해합니다. 그때 마침 예수님의 가슴에 머리를 기대고 있던 요한에게 베드로는 그 사람이 누구를 가리켜 하신 말씀인지 물어보라고 시늉을 합니다.

요한의 질문에 대한 예수님의 답변이 26절 말씀입니다.

> "예수께서 대답하시되 내가 떡 한 조각을 적셔다 주는 자가 그니라 하시고 곧 한 조각을 적셔서 가룟 시몬의 아들 유다에게 주시니" (26절)

끝까지 자기 사람을 사랑하신 예수님께서는 어두움에 있던 가룟 유다가 제발 어둠의 자리를 벗어나 참 생명의 길로 나아오길 바랐습니다. 그래서 주님은 간절한 마음으로 "가룟 유다야! 네가 나를 팔려고 하는 것을 내가 이미 알고 있다. 그러나 지금이라도 늦지 않았으니 참된 생명의 공동체에 참여하거라. 지금이 바로 그때다"라는 말씀을 행동으로 보여준 것입니다. 그러나 가룟 유다는 끝까지 어두움의 자리를 벗어나지 못하고 오히려 어두움의 영인 사탄에 완전히 사로잡혀 버립니다.

> "조각을 받은 후 곧 사탄이 그 속에 들어간지라"(27절 상)

예수님께서 떡을 주셨기 때문에 사탄이 가룟 유다에게 들어간 것이 아닙니다. 이는 회개를 촉구하는 마지막 떡 조각을 받았음에도 불구하고 마지막까지 예수님의 부르심을 외면해 버린 가룟 유다가 끝내 사탄의 도구로 전락해 버린 것을 의미합니다. 이제 더 이상 가룟 유다의 의지를 막을 수 없음을 안 예수님께서는 유다를 향해 말씀하십니다.

> "이에 예수께서 유다에게 이르시되 네가 하는 일을 속히 하라 하

시니"(27절 하)

주님께서 가룟 유다를 포기해 버리시는 순간입니다. 이제 예수님과 가룟 유다의 관계는 완전히 끊어져 버렸습니다. 그 순간 유다는 완전히 사탄의 도구가 되어 하나님의 아들 예수 그리스도를 죽이는 첨병이 되어 버립니다.

제자들은 마지막 순간까지도 가룟 유다가 주님을 팔아넘길 것이라고 상상도 하지 못했습니다. 왜입니까? 사람들이 보기에 가룟 유다는 너무나도 모범적인 예수님의 제자였기 때문입니다. 그러나 그것은 가룟 유다의 겉모습일 뿐, 그의 중심은 하나님께 있지 않았습니다. **영적으로 보면 그는 참된 제자 공동체에 속하지 않은 자였으며, 인본주의자 중의 인본주의자로서 성령님께서 세우실 참된 사랑의 공동체를 파괴할 자**였습니다. 예수님께서는 바로 그 중심을 보셨던 것입니다.

그렇다면 **유다를 통해 비춰 본 당신의 모습**은 어떻습니까? **겉으로는 누구보다도 거룩한 하나님의 제자인 척하지만, 그 중심은 아직도 세상을 향하고 있는 인본주의자는 아닙니까?** 만약 그러한 삶의 자리에 있다면 당신은 이미 이름뿐인 그리스도인일 뿐, 가룟 유다와 본질적으로 다를 것이 없는 사람입니다. 그러므로 당신의 삶에서 참된 사랑의 공동체를 세우기 원한다면 지금 이 순간 자신을 덮고 있는 그 모든 가식의 껍질들을 벗어 버리십시오. 그리고 통회하는 심정으로 하나님 앞에 나아가십시오. 그때 당신의 삶 속에 하나님으로부터 오는 회복이 임할 것입니다.

자! 그러면 유다가 예수님의 떡 조각을 받아들고 밖으로 나간 때가 언제라고 성경은 기록하고 있습니까?

"유다가 그 조각을 받고 곧 나가니 밤이러라"(30절)

빛이 떠나면 어두움이 오듯, 빛 되신 주님을 떠난 유다는 사탄에 이끌려 어두움에 거하게 됩니다. 영적인 어두움의 자리, 즉 죽음과 저주 그리고 심판의 자리에 떨어진 것입니다. 그 결과 가룟 유다는 주님의 공동체로부터 완전히 **'버림받은 자'** 가 되었습니다.

2) 참된 사랑의 공동체를 이루는 제자들

> "새 계명을 너희에게 주노니 서로 사랑하라 내가 너희를 사랑한 것같이 너희도 서로 사랑하라 너희가 서로 사랑하면 이로써 모든 사람이 너희가 내 제자인 줄 알리라"(34-35절)

주님께서는 가룟 유다가 나간 후에 비로소 **'서로 사랑하라'** 는 새 계명을 주십니다. '내가 너희를 사랑한 것같이 너희가 서로 사랑하여야 한다. 그럴 때에야 세상 사람들이 너희가 내 제자인 줄 알 것이다' 라고 말씀하십니다. 바꿔 말하면, 너희가 서로 사랑하지 않으면 내 제자가 될 수 없다는 뜻입니다.

그렇기 때문에 이 사랑의 공동체는 **'가룟 유다'** 와 같이 이기적인 사람이 끼어 있으면 이뤄질 수 없습니다. 오직 그리스도의 사랑으로 가득 찬 이들이 함께할 때에만 가능한 것입니다. 따라서 지금 주님이 말씀하고 계시는 **'서로 사랑'** 은 매우 깊은 사랑을 의미합니다. 만약 제자들이 소위 세상 사람들이 말하는 것과 똑같은 수준, 똑같은 깊이의

사랑을 행하는 데 그친다면 그들이 세상 사람들로부터 주님의 제자라 인정받을 까닭이 없기 때문입니다.

"내 계명은 곧 내가 너희를 사랑한 것같이 너희도 서로 사랑하라 하는 이것이니라 사람이 친구를 위하여 자기 목숨을 버리면 이보다 더 큰 사랑이 없나니"(요 15:12-13)

시돈 땅 사르밧 여인이 밀가루 한 움큼과 기름 몇 방울밖에 없는 가운데 마지막 식사를 행한 후 죽으려 했습니다. 이렇게 불쌍한 여인 앞에 나타난 엘리야는 그녀에게 밀가루와 기름을 채워 안겨준 것이 아니라, 마지막 양식으로 자기 자신을 위한 떡을 만들어 오라고 요구합니다. 세상에 이처럼 무리한 요구가 어디 있습니까? 엘리야 같은 대선지자가 어찌 그리 태연하게 생명과도 같은 양식을 빼앗아 먹을 수가 있단 말입니까?

그러나 엘리야의 이러한 행동은 사르밧 여인을 자기 자신의 마지막 생명까지도 함께 나누고 포기할 줄 아는 참 생명의 사람으로 세워주기 위한 것이었습니다. 결국 사르밧 여인은 엘리야의 명대로 떡을 만들어 바쳤고, 그녀의 생명을 다한 나눔은 밀가루 통과 기름 병이 기근이 끝날 때까지 다함이 없이 계속 차고 넘쳐나게 만들었습니다.

이처럼 생명을 다한 **'서로 사랑'** 은 우리의 삶을 결코 초라하거나 궁핍하게 만들지 않습니다. 오히려 생명의 역사를 통하여 더욱 풍성하게 만듭니다. 이 비밀을 깨닫는 자만이 **'서로 사랑'** 의 깊은 경지에까지 이를 수 있습니다.

주님이 우리에게 보여주신 서로 사랑의 깊이는 생명까지 내어주는 그런 사랑이었습니다. 그러므로 우리가 예수님께 속한 자라면 예수님이 우리에게 보이셨던 사랑의 도를 세상에 나타내는 삶을 살아야 합니다. 그리하여 **참된 사랑의 공동체**를 이뤄가야 합니다. 오직 섬김과 헌신으로 서로 사랑하는 공동체를 이뤄가게 될 때, 세상 사람들이 비로소 우리를 주님의 제자로 인정하고 받아들일 것입니다. 이것이 바로 사역자가 가져야 할 삶의 자세입니다.

토의 사항

사역자란 맡겨진 영혼을 끝까지 사랑하고, 섬김과 봉사의 삶을 살아가며, 참된 사랑의 공동체를 이루는 자라 했습니다. 그렇다면 당신은 사역자로서 이러한 사명을 잘 감당하고 있습니까? 만약 부족한 부분이 있다면 어떻게 회복해 가야 할까요?

2과

하늘나라 사역자

(요 14:1-31)

2과

하늘나라 사역자

(요 14:1-31)

지금까지 제자들은 유월절에 예수께서 이스라엘의 왕이 될 것을 기대하고 따랐습니다. 그래서 그들은 예수께서 영광을 얻으실 때 누가 그분의 우편과 좌편에 앉을 것인가 하는 문제로 끊임없이 자리다툼을 했던 것입니다. 이렇게 세속적인 욕심에 눈이 멀어 있는 제자들에게 예수님께서 십자가의 죽음을 예고하십니다. 예수님을 통해 정치적인 해방과 권력을 갖게 될 줄 알았던 제자들은 그 순간부터 근심하기 시작합니다. 결국 제자들은 주님을 좇아다니기는 했지만 **'땅의 사람'** 에 불과했던 것입니다.

진정한 하늘나라의 사역자는 주님의 고통에 함께 아파하고, 주님의 근심에 함께 염려합니다. 그러나 제자들은 아직까지도 땅의 사람에 머물러 있었기 때문에 주님께서 땀방울이 핏방울이 될 만큼 처절하게 기도하는 현장에서도 육신의 욕구에 못 이겨 잠들어 버린 것입니다. 그 결과 제자들은 실패의 나락으로 떨어지게 되었습니다.

우리가 하늘나라의 사역자가 되기로 결심했다면, 이런 어리석은 제자들의 모습을 버리고 자신의 모든 것을 주님께 드리는 결단이 있어야 합니다. 그리하여 나의 두 다리가 그리스도의 다리가 되고, 나의 지갑, 옷, 심지어 생명에 이르기까지 모두 다 주님의 것이라고 고백할 수 있어야 합니다.

그러나 이 땅의 것만을 추구하던 제자들에게 그런 눈이 열릴 리 없었습니다. 그래서 근심하고 있는 것입니다. 이런 제자들의 마음을 간파하신 예수님께서는 **"너희는 마음에 근심하지 말라 하나님을 믿으니**

또 나를 믿으라"(요 14:1)고 말씀하시며, **'하늘 소망을 품는 삶'**에 대해 가르치십니다.

1. 하늘 소망을 품는 자

"너희는 마음에 근심하지 말라 하나님을 믿으니 또 나를 믿으라"(1절)

지금 제자들이 근심하고 있는 이유는 주님이 이루실 사명에 대해 무지하기 때문입니다. 만약 제자들이 하나님의 뜻을 알았다면 근심하기보다 오히려 감사하고 기뻐했을 것입니다. 그러나 제자들은 하나님의 뜻보다 세상의 것에 온통 눈이 멀어 있었습니다. 때문에 자신들의 뜻과는 다른 길을 말씀하시는 예수님을 바라보며 두려움과 근심에 휩싸이게 된 것입니다.

우리는 기억해야 합니다. 세상의 욕망 때문에 얻게 되는 근심은 결코 세상 것으로 채워질 수 없다는 사실을 말입니다. **세상으로부터 오는 소원이란, 이루어지기 전에는 불만이고 이뤄지고 나서도 더 큰 불안과 근심만 부여해 줄 뿐입니다.** 이러한 세상 근심을 제거할 수 있는 유일한 길은 하늘의 소망을 품는 '참된 믿음'에 있습니다. 그래서 주님은 근심을 이기는 믿음에 대해 첫째는, **하나님을 신뢰하는 것(하나님을 믿으니)**이고, 둘째는, 약속의 말씀이신 **예수 그리스도를 믿는 것(나를 믿으라)**이라고 가르치십니다. 참고 성경 구절

"내 아버지 집에 거할 곳이 많도다 그렇지 않으면 너희에게 일렀으리라 내가 너희를 위하여 거처를 예비하러 가노니 가서 너희를 위하여 거처를 예비하면 내가 다시 와서 너희를 내게로 영접하여 나 있는 곳에 너희도 있게 하리라"(2-3절)

※ **참고 성경 구절** – "그러므로 내가 너희에게 이르노니 목숨을 위하여 무엇을 먹을까 무엇을 마실까 몸을 위하여 무엇을 입을까 염려하지 말라……이는 다 이방인들이 구하는 것이라 너희 하늘 아버지께서 이 모든 것이 너희에게 있어야 할 줄을 아시느니라 그런즉 너희는 먼저 그의 나라와 그의 의를 구하라 그리하면 이 모든 것을 너희에게 더하시리라"(마 6:25-33)

※ **참고 성경 구절** – "아무것도 염려하지 말고 다만 모든 일에 기도와 간구로, 너희 구할 것을 감사함으로 하나님께 아뢰라"(빌 4:6)

※ **참고 성경 구절** – "너희 염려를 다 주께 맡기라 이는 그가 너희를 돌보심이라"(벧전 5:7)

참된 믿음의 길을 가르치신 예수님께서 이제 내가 너희의 처소, 즉 **'하늘의 집'** 을 예비하러 떠나야 한다고 말씀하십니다(2절). 그리고 때가 되어 하늘의 집이 완성되면 이 땅에 다시 올 것이고, 그때는 영원히 너희와 함께할 것이라고 선포하십니다(3절). 이 말씀을 통해 우리는 주님께서 이 땅에 오셔서 인간을 구원하고자 하신 최후의 목적이 결국 우리를 영원하신 **'아버지의 집'** 에 이르게 하는 데 있었다는 것을 깨닫게 됩니다.

우리가 사역을 감당하다 보면 어려운 일도 만나고, 이해할 수 없는 고통들로 인해 괴로움을 당하기도 합니다. 그럼에도 불구하고 우리가 그 모든 환난을 이겨낼 수 있는 이유는 하늘의 소망이 있기 때문입니다. 그렇습니다. 사역자는 오직 자신의 소망을 하늘에 둠으로 땅의 것에 얽매이거나 두려워하지 않는 자들입니다. 어떤 이들은 천국에 대해 도피주의자나 사색가, 혹은 공상가들이 하는 이야기 정도로 폄하해 버립니다. 그러나 결코 그렇지 않습니다.

그 증거로 복음서에 보면 '하늘나라' 또는 '하나님 나라' 에 대한 증거가 마태복음에 34회, 마가복음에 16회, 그리고 누가복음에는 30회나 기록되어 있는 것을 보게 됩니다. 이와 함께 요한복음에는 단 2회가 기록되어 있지만, 대신 '영생', '생명' 이라는 말이 40회 이상 사용되었습니다. 이는 용어만 다를 뿐 하늘나라와 같은 의미로 쓰여진 것입니다. 이러한 증거를 통해 우리 그리스도인들이 하늘의 소망을 품는 것이 하나님의 참된 뜻임을 알 수 있습니다.

그러나 이러한 주님의 뜻을 어리석은 제자들은 도저히 깨닫지 못했습니다. 그래서 도마는 주님을 향해 이렇게 질문합니다.

> "도마가 이르되 주여 주께서 어디로 가시는지 우리가 알지 못하거늘 그 길을 어찌 알겠사옵나이까"(5절)

이러한 도마의 물음 앞에 예수님께서는 너무나도 분명한 길을 제시해 주십니다.

"예수께서 이르시되 내가 곧 길이요 진리요 생명이니 나로 말미암지 않고는 아버지께로 올 자가 없느니라"(6절)

이 말이 무슨 뜻입니까? 아담으로 인해 파괴되었던 하나님과의 관계를 회복할 수 있는 길은 오직 예수 그리스도뿐이라는 것입니다. 그러므로 예수 그리스도를 통해서만 인간은 **'하나님께 나아가는 길' (내가 곧 길이요)**을 얻게 되고, **'하나님의 진리' (진리요)**를 깨닫게 되며, **'영원한 생명' (생명이니)**을 되찾게 됩니다.

그러나 제자들은 여전히 주님의 말씀을 이해하지 못했습니다. 그래서 제자들 중 빌립이 주님을 향해 다음과 같은 요구를 합니다.

"빌립이 이르되 주여 아버지를 우리에게 보여주옵소서 그리하면 족하겠나이다"(8절)

'보여주면 믿겠다' 는 빌립의 요구는 매우 합리적인 것처럼 보입니다. 그러나 잘 들여다보면 이는 매우 우둔한 요구라는 것을 깨닫게 됩니다. 보십시오. 빌립은 지금까지 예수님의 제자로서 이루 헤아릴 수 없이 많은 기적을 봐왔습니다. 오병이어로 5천 명이나 되는 무리를 먹이신 기적, 주님께서 물 위를 걸으신 기적, 자연을 향해 말씀으로 명령하시는 모습 등, 도저히 인간이 일으킬 수 없는 이적들을 펼치시는 주님의 모습을 빌립은 끊임없이 목격했습니다.

그뿐입니까? 죽은 지 나흘이나 되어 이미 썩은 냄새가 나는 나사로를 다시 살리시는 모습도 보았습니다. 이보다 더 확실한 증거가 어디 있겠습니까? 그럼에도 불구하고 빌립을 비롯한 제자들은 그것만으로는 부족하니 아예 하나님 아버지 자체를 보여 달라는 것입니다. 그러한 빌립의 모습을 바라보며 주님께서는 답답한 가슴을 부여잡고 다음과 같이 말씀하십니다.

> "예수께서 이르시되 빌립아 내가 이렇게 오래 너희와 함께 있으되 네가 나를 알지 못하느냐 나를 본 자는 아버지를 보았거늘 어찌하여 아버지를 보이라 하느냐"(9절)

3년 동안이나 너희에게 내가 **'살아 있는 하나님의 아들'** 임을 가르쳤건만 아직도 그 진리를 깨닫지 못했느냐는 것입니다. 제자들 중 베드로는 예수님을 향해 **"주는 그리스도시요 살아 계신 하나님의 아들이시니이다"(마 16:16)**라고 고백까지 했으면서도 자신이 한 고백조차 믿지 못하고 있습니다. 이러한 제자들을 바라보는 예수님의 마음은 얼마나 아팠겠습니까?

> "내가 아버지 안에 거하고 아버지께서 내 안에 계심을 믿으라 그렇지 못하겠거든 행하는 그 일로 말미암아 나를 믿으라"(11절)

자신들 바로 앞에 하나님이 계심에도 불구하고 세상의 욕망에 눈이 멀어 하나님을 바라보지 못했던 제자들의 어리석은 모습이 과연 우리에게는 없습니까? 내게 베푸신 하나님의 놀라운 은혜를 경험하고서도 더 크고 대단한 이적을 보아야만 하나님을 믿고 따를 수 있겠다고 말하지는 않습니까?

그렇다면 주님의 외침에 귀 기울이십시오. **"하나님을 믿으니 또 나를 믿으라."** 오직 **'하나님'** 과 그의 보내신 **'예수 그리스도'** 를 믿을 때 세상의 근심과 염려는 더 이상 당신을 지배하지 못할 것입니다.

왜냐하면 당신 안에 **'성령님'** 으로 인한 하늘 소망이 가득 채워지기 때문입니다. 이제 눈을 들어 하늘을 보십시오. 그리고 하늘의 소망을 품으십시오. 하늘 소망이 마음 가득 품어졌다면 이제 그 소망을 전하기 위해 세상을 향해 나아가십시오. 그것이 바로 하늘나라 사역자의 사명입니다.

2. 하늘 소망을 선포하는 자

"내가 진실로 진실로 너희에게 이르노니 나를 믿는 자는 내가 하는 일을 그도 할 것이요 또한 그보다 큰일도 하리니 이는 내가 아버지께로 감이라"(12절)

지금까지 예수님께서 보이신 이적은 인간으로서 도저히 흉내낼 수조차 없는 일들이었습니다. 그런데도 주님께서는 제자들을 향해 나를 믿는 자는 나의 하는 일도 하지만 이보다 더 큰 것도 하게 될 것이라고 예언하십니다. 바다를 잠잠케 하고 죽은 자를 살리는 것보다 더 큰일이 있을까요? 예, 있습니다. 그것은 바로 **'영적 사역'** 입니다. 이 영적 사역은 다른 말로 '구원 사역' 또는 '복음 전도 사역' 이라고 표현할 수 있습니다.

예수님께서는 공생애 기간 내내 세상 사람들에게 하나님 나라의 비밀을 알려주시고 복음을 전파하셨습니다. 그러나 많은 사람이 하나님께 돌아오지는 못했습니다. 왜입니까? 아직 예수 그리스도를 통하여 구원의 사역이 완성되지 않았기 때문입니다. 그러하기에 예수님이 **'아버지께로 가는 사건'**, 즉 십자가와 부활, 승천의 역사가 있고 나서야 본격적인 영적 사역이 펼쳐질 것임을 제자들에게 암시하신 것입니다. 그래서 예수님 생전에는 수많은 기적에도 불구하고 많은 이들, 심지어 제자들조차 주님을 온전히 따르지 못했던 것입니다.

그러나 주님께서 아버지께로 가는 사건 이후, 주님이 보내신 보혜사 성령을 제자들이 받게 되었을 때 어떤 일이 일어났습니까? 바로 이 땅에 **'하나님의 교회'** 가 세워지는 엄청난 역사가 일어나지 않았습니까?

그때부터 기독교의 복음은 예루살렘에서 온 유대로, 유대 땅에서 사마리아로, 사마리아에서 온 세계로 펼쳐지게 되었습니다. 이것이 바로 주님께서 말씀하신 **'큰일'** 입니다. 그렇다면 이 영적 사역을 우리가 어떻게 해야 온전히 감당할 수 있을까요?

1) 영적 사역은 기도로 이뤄집니다

하나님의 말씀을 전하는 영적 사역은 아무나 감당할 수 있는 것이 아닙니다. 오직 그리스도의 복음을 **'믿는 자'** 만이 할 수 있습니다. 그러나 믿음만 가지고는 안 됩니다. 믿음과 함께 하나님이 주시는 권능이 필요합니다. 그렇기 때문에 영적 사역을 온전히 이뤄가기 위해서는 **'기도'** 가 절대적으로 요청됩니다.

> "너희가 내 이름으로 무엇을 구하든지 내가 행하리니 이는 아버지로 하여금 아들로 말미암아 영광을 받으시게 하려 함이라 내 이름으로 무엇이든지 내게 구하면 내가 행하리라"(13-14절)

우리가 기도를 통하여 하나님의 능력을 힘입지 않으면 단 한 영혼도 구원할 수 없습니다. 따라서 하나님의 복음을 전할 때 가장 중요한 것은 상대방을 위해 기도하는 것입니다. 성령께서 그 마음을 열어 주시지 않으면 우리가 아무리 노력한다 해도 열매를 맺을 수 없기 때문입니다. 그러므로 사역자라면, 자신이 감당해야 할 영적 사역을 위하여 무시로 기도하는 삶이 되어야 합니다. 그렇게 무릎 꿇는 자가 될 때, 그 모든 사역을 하나님께서 이뤄주실 것입니다. 왜냐하면 그 사역을 통해 하나님 스스로가 영광을 받게 되기 때문입니다.

2) 영적 사역은 순종하는 자를 통해 이뤄집니다

"너희가 나를 사랑하면 나의 계명을 지키리라"(15절)

주님을 사랑하는 것은 주님의 계명을 지키는 모습으로 나타납니다. 다시 말해, 주님의 계명에 순종하는 자가 진정으로 주님을 사랑하는 자라는 말입니다. 주님을 사랑하기에 그의 말씀을 지키고, 주님의 뜻을 이 땅 위에 펼쳐 가는 것입니다.

"나의 계명을 지키는 자라야 나를 사랑하는 자니 나를 사랑하는 자는 내 아버지께 사랑을 받을 것이요 나도 그를 사랑하여 그에게 나를 나타내리라"(21절)

이렇게 주의 말씀에 순종하는 자들을 주님은 사랑하십니다. 그리하여 그에게 자신을 나타내 보이십니다. 왜 그럴까요? 자신의 말에 전적으로 순종하는 자에게 자신의 뜻을 계시해야만 그를 통해 하나님이 원하시는 영적 사역을 이룰 수 있기 때문입니다.

3) 영적 사역은 성령의 역사를 통해 이뤄집니다

영적 사역은 무엇보다 성령의 도우심을 통해 이루어집니다. 그래서 예수님은 제자들에게 보혜사 성령을 보내 주시겠다고 약속하신 것입니다.

"내가 아버지께 구하겠으니 그가 또 다른 보혜사를 너희에게 주사 영원토록 너희와 함께 있게 하리니"(16절)

주님께서 이 세상에 성령을 주신 가장 중요한 목적은 영적 사역을 온전케 하기 위함입니다. 이 **영적 사역의 핵심**이 무엇입니까? 바로

참고 사항

※ **참고 성경 구절** – "내가 아버지께로부터 너희에게 보낼 보혜사 곧 아버지께로부터 나오시는 진리의 성령이 오실 때에 그가 나를 증언하실 것이요"(요 15:26)

'복음 전파' 입니다. '복음' 은 말 그대로 **'복된 소식'** 입니다. 그렇다면 '복된 소식' 이 무엇입니까? 그것은 오직 **'예수 그리스도만이 우리의 구원자가 되신다'** 는 사실입니다. 그러므로 우리가 영적 사역을 충실히 감당할 때, 우리의 구원자이신 예수 그리스도가 영화롭게 됩니다. 성령님께서 우리와 함께하시는 이유도 결국 이 사역을 온전케 하기 위함입니다. 참고 성경 구절

"그는 진리의 영이라 세상은 능히 그를 받지 못하나니 이는 그를 보지도 못하고 알지도 못함이라"(17절 상)

세상에 속한 자들은 성령을 볼 수도 없고, 알 수도 없다고 예수님은 말씀하십니다. 바꿔 말하면 하나님께 속한 자들은 반드시 성령을 받아야만 하고, 받을 수밖에 없다는 이야기입니다. 그러므로 우리가 **하나님의 사역자로 부르심을 받았다면 자신 안에 성령이 내주하고 계신가를 항상 점검**해 봐야 합니다. 성령의 역사 없이는 우리의 모든 사역이 헛되고 헛될 것이기 때문입니다. 오직 성령의 인도가 있을 때에만 우리는 진리이신 예수 그리스도를 온전히 증거할 수 있을 뿐 아니라, 그로 인한 열매를 맺을 수 있습니다.

"내가 아직 너희와 함께 있어서 이 말을 너희에게 하였거니와 보혜사 곧 아버지께서 내 이름으로 보내실 성령 그가 너희에게 모든 것을 가르치고 내가 너희에게 말한 모든 것을 생각나게 하리라"(25-26절)

보혜사 성령의 역사하심이 있어야만 우리가 하나님의 말씀을 깨달을 수 있다고 예수님께서 말씀하십니다. 깨닫지 못한 말씀을 어찌 전할 수 있습니까? 또한 알지 못하는 말씀을 어떻게 삶에서 나타냅니까? 그러므로 우리가 하나님의 영적 사역자로 서기 위해서는 반드시 성령을 받아야만 합니다. 그때 성령께서 우리를 이끄셔서 말씀을 깨닫게

하시고, 그 말씀을 지켜갈 힘도 주실 것입니다. **'성령'**을 통해 **'생명을 구원하는 사역'**, 바로 이것이 우리가 감당해야 할 사명이고, 목숨을 바쳐 이뤄 가야 할 하나님의 사명입니다.

3. 하늘 평안을 누리는 자

> "평안을 너희에게 끼치노니 곧 나의 평안을 너희에게 주노라 내가 너희에게 주는 것은 세상이 주는 것과 같지 아니하니라 너희는 마음에 근심하지도 말고 두려워하지도 말라"(27절)

주님께서는 제자들에게 평안을 주시면서 그 평안을 가리켜 **'나의 평안'**이라고 말씀하십니다. 이 말씀이 무슨 의미입니까? 그것은 예수님 자신 안에 있는 평안을 제자들에게 주시겠다는 뜻입니다. 그렇다면 **'예수님 안에 있는 평안'**이 무엇일까요? 그것은 **'하나님이 함께하심으로 갖게 되는 평안'**입니다. 즉 하나님의 영인 성령이 주님과 함께하심으로 임하게 된 평안을 뜻하는 것입니다. 그러므로 우리가 이 평안을 얻기 위해서는 성령이 우리 안에 임해야만 합니다. 성령을 통해 얻게 되는 평안은 세상이 주는 평안과 다를 뿐 아니라 비교조차 할 수 없는 참되고, 진실하며, 영원한 평안입니다.

'세상이 주는 평안'은 대가에 의해서 주어지는 **'조건적인 평안'**입니다. 그래서 세상의 평안은 잠정적이고, 제한적이며, 이기적일 수밖에 없습니다. 결국 이러한 평안을 추구하는 자들은 자신의 평안을 지키기 위해 남을 짓밟고, 억누르게 됩니다. 그러나 끝내 그들은 진정한 평안을 맛보지 못합니다. 왜냐하면 자신의 평안을 지탱하고 있는 것이 언제 변할지 모르는 불완전한 것이기 때문입니다.

그러나 **'주님이 주시는 평안'**은 다릅니다. 그것은 **'영원한 평안'**입니다. 그러하기에 주님이 주시는 평안은 결코 조건이나 환경에 따라 변하지 않습니다. 그러면 이 평안을 어떻게 얻을 수 있습니까? 그것은

오직 그리스도의 은혜를 통해 얻을 수 있습니다.

"그러므로 우리가 믿음으로 의롭다 하심을 받았으니 우리 주 예수 그리스도로 말미암아 하나님과 화평을 누리자"(롬 5:1)

얼마 후면 십자가 위에서 죽어야 할 예수님께서 참된 평안을 주시겠다고 약속할 수 있었던 근거가 무엇입니까? 그것은 바로 그분 자신이 **'영원하신 말씀'** 이었기 때문입니다. 그렇기 때문에 비록 그분의 몸은 떠나지만, 그분의 말씀은 성령님과 더불어 영원히 제자들과 함께할 수 있었던 것입니다. 그러므로 성령님으로 인해 우리 안에 주님의 말씀이 충만히 거하게 될 때, 주님이 약속하셨던 **'영원한 평안'** 을 얻을 수 있는 것입니다.

주님의 말씀이 영원한 까닭에 그 말씀과 함께하며 평안을 얻는 자에게 두려움이 있을 수 없습니다. 결국 **'성령-말씀-평안'** 은 한 흐름 안에 있습니다. 즉 성령이 임하시면 그 안에 말씀이 충만하게 되고, 그 결과 영원한 평안을 품게 된다는 말입니다. 바꿔 말하면, 우리 안에 진정한 평안이 있다면, 이는 그 안에 말씀이 충만함이요, 말씀이 충만하

다는 것은 바로 성령이 충만함을 뜻하는 것입니다. 참고 성경 구절

주님의 사역을 감당하는 당신에게 진정한 평안이 있습니까? 만약 당신 안에 주님이 주시는 평안이 없다면 그것은 하나님의 말씀이 말라 있다는 경고입니다. 말씀이 자신 안에서 충만하게 역사하지 못하는데 무슨 사역을 감당할 수 있겠습니까? 그 모든 사역은 껍데기일 뿐이며 생명력 없는 일들일 뿐입니다. 그러므로 우리는 자신 안에 성령님이 내주하시는 평안이 있는지 늘 살펴보아야 합니다. 우리가 이 모든 환난과 고난 가운데서도 기꺼이 평안할 수 있는 이유는 내 안에 계신 성령님께서 언제나 말씀하시기 때문입니다. **"나의 사랑하는 자녀야! 하늘 소망을 품어라. 네 집은 이 땅에 있는 것이 아니요 저 하늘에 있으니……."**

참고 사항

※ **참고 성경 구절** – "천지는 없어질지언정 내 말은 없어지지 아니하리라"(마 24:35)

※ **참고 성경 구절** – "그러므로 모든 육체는 풀과 같고 그 모든 영광은 풀의 꽃과 같으니 풀은 마르고 꽃은 떨어지되 오직 주의 말씀은 세세토록 있도다 하였으니 너희에게 전한 복음이 곧 이 말씀이니라"(벧전 1:24-25)

참고 사항

토의 사항

성령이 임하시면 말씀이 충만하게 되고, 말씀이 충만하면 하늘 평안이 임한다고 주님은 말씀하십니다. 이런 역동적인 역사가 당신 안에서 일어나고 있습니까? 그리고 그 뜨거운 가슴으로 하늘 소망을 선포하는 삶을 살고 계십니까?

3과

열매 맺는 제자의 삶

(요 15:1-27)

3과

열매 맺는 제자의 삶

(요 15:1-27)

요한복음 15장에 이르러 예수님께서는 자신을 **'포도나무'** 에 그리고 제자들을 **'가지'** 에 비유하십니다. 그렇다면 포도나무와 가지의 관계를 어떻게 설명할 수 있을까요? 그것은 한마디로 **'생명적인 연결'** 이라 할 수 있습니다. 나무에 붙어 있는 가지는 생명이 있습니다. 이렇게 생명 있는 가지를 농부가 사랑과 관심을 가지고 가꿉니다. 왜입니까? 생명이 있는 가지만이 열매를 맺을 수 있기 때문입니다. 포도나무에서 쓸모 있는 것은 오직 열매뿐입니다. 포도나무는 그 모양새 자체가 다른 용도로는 아예 쓸 수 없는 형태를 띠고 있기 때문입니다. 그래서 포도나무에서 떨어져 나간 가지는 땔감밖에 될 수 없습니다.

> "무릇 내게 붙어 있어 열매를 맺지 아니하는 가지는 아버지께서 그것을 제거해 버리시고 무릇 열매를 맺는 가지는 더 열매를 맺게 하려 하여 그것을 깨끗하게 하시느니라"(2절)

하나님께서는 열매 없는 가지들을 과감히 제해 버리십니다. 그 이유는 과실을 맺는 가지로 하여금 더 많은 과실을 맺게 하기 위함입니다. 그러므로 우리가 한 사람의 그리스도인으로서, 또한 하나님의 사역자로서 삶을 살아가고 있다면 반드시 하나님이 원하시는 열매를 맺어야 합니다. 열매 맺지 않는 가지가 이미 그 가치와 의미를 잃어버린 것이듯, 열매 없는 그리스도인의 삶 또한 하나님께 이미 버린 바 된 것이기 때문입니다.

그렇다면 우리가 어떻게 해야 하나님 앞에 열매 맺는 삶을 살 수 있을까요? 그 비밀이 3절에 있습니다.

> "너희는 내가 일러준 말로 이미 깨끗하여졌으니"(3절)

예수님께서는 제자들을 향해 하나님의 말씀을 통하여 너희가 이미 깨끗하게 되었다고 말씀하십니다. 무슨 의미입니까? 바로 **'하나님의 말씀으로 정결케 된 자만이 하나님이 원하시는 열매를 맺을 수 있다'** 는 말입니다. 따라서 열매 맺는 그리스도인이 되기 위해서는 먼저 하나님의 말씀을 통해 자신을 정결케 해야 합니다. 이것이 열매 맺는 삶을 위한 바탕입니다. 그러나 그것이 끝은 아닙니다. 주님께서는 **"너희가 이미 깨끗하게 되었다"**는 말씀을 통해 그 바탕 위에 더 필요한 것이 있음을 암시하고 계십니다. 그렇다면 그것이 무엇일까요? 그 해답이 4절에 있습니다.

> "내 안에 거하라 나도 너희 안에 거하리라 가지가 포도나무에 붙어 있지 아니하면 스스로 열매를 맺을 수 없음같이 너희도 내 안에 있지 아니하면 그러하리라"(4절)

'주님 안에 거하는 삶!', 이것이 열쇠입니다. 우리가 주님의 말씀으로 정결케 되었다면 그 자리에 머무르지 말고, 주님 안에 거하는 삶으로까지 나아가야 합니다. 그때에야 우리가 진정한 그리스도인으로서 삶의 열매를 맺을 수 있습니다.

그렇다면 주님께서 어떤 모습으로 내 안에 거하시는 것일까요? 바로 **'성령'** 으로 거하십니다. **'성령'** 은 곧 **'말씀'** 이라 했습니다. 그러므로 성령이 임하시는 삶이란, 말씀으로 정결케 되는 것을 넘어 그 말씀이 내 존재 안에 가득히 임재하여 오직 말씀이 인도하는 대로 살아가는 것을 의미합니다. 바로 그러한 삶에 하나님으로부터 오는 열매가 있는 것입니다.

"나는 포도나무요 너희는 가지라 그가 내 안에, 내가 그 안에 거하면 사람이 열매를 많이 맺나니 나를 떠나서는 너희가 아무것도 할 수 없음이라"(5절)

농부가 지극한 정성으로 나무를 돌보는 목적은 오직 열매를 맺게 하기 위함입니다. 그러므로 농부 되신 하나님을 위해 우리가 할 수 있는 가장 아름다운 일은 열매를 맺는 것입니다.

그렇다면 **'하나님이 바라시는 열매'** 는 과연 어떤 것일까요? 주님의 말씀을 통해 그 열매들을 알아보겠습니다.

1. 구원의 열매

"너희가 열매를 많이 맺으면 내 아버지께서 영광을 받으실 것이요 너희는 내 제자가 되리라"(8절)

여기서 말하는 열매는 과연 어떤 열매를 말하는 것일까요? 축복의 열매, 화평의 열매, 희락의 열매 등 수많은 열매를 들 수 있을 것입니다. 물론 이 모든 것이 하나님 앞에서 우리가 맺어야 할 귀한 열매들입니다. 그러나 이러한 열매들을 바탕으로 우리가 반드시 맺어야만 하는 열매가 있습니다. 그 열매에 대해 바울은 로마서에 이렇게 말하고 있습니다.

"형제들아 내가 여러 번 너희에게 가고자 한 것을 너희가 모르기를 원하지 아니하노니 이는 너희 중에서도 다른 이방인 중에서와 같이 열매를 맺게 하려 함이로되 지금까지 길이 막혔도다"(롬 1:13)

여기서 바울이 말하는 열매가 무엇입니까? 바로 이방인들이 복음을 통해 주님께로 돌아오게 하는 **'구원의 열매'** 입니다. 이것이 주님이 바라는 가장 귀한 열매입니다. 본문 요한복음 15장 16절 말씀을 현대인의 성경으로 살펴보면 그 의미를 보다 명확히 알 수 있습니다.

> "너희가 나를 선택한 것이 아니라 내가 너희를 선택하여 세웠다. 이것은 너희가 세상에 나가 열매를 맺게 하고 그 열매가 항상 있도록 하기 위해서이다. 그렇게 되면 너희가 내 이름으로 무엇을 구하든지 아버지께서 너희에게 다 주실 것이다"(16절; 현대인의 성경)

열매 없이 신앙의 연륜만을 자랑하는 것은 주님 앞에 아무런 의미가 없습니다. 오히려 그것은 자신이 말라가고 있는 오래된 가지라는 증거일 뿐입니다. 그러므로 주님께 속한 그리스도인이라면 언제나 영혼 구원의 열매를 맺기 위해 힘써야만 합니다. 주님께서는 이를 위해 기도할 때마다 친히 응답해 주시겠다고 약속하셨습니다.

그렇다면 당신은 주님의 제자로서 이러한 열매를 맺고 있습니까? 우리가 받은 축복, 평안, 기쁨의 열매들은 모두 '구원의 열매'를 맺게 하기 위해 하나님께서 허락하신 것들입니다. 따라서 우리의 삶 속에서 이러한 구원의 열매가 전혀 맺혀지고 있지 않다면, 당장 자신이 하던 일을 멈추고 하나님의 은혜를 구해야 합니다. 그리고 세상에 나아가 구원의 열매를 맺기에 힘써야 합니다. 결국 그 열매들이 후에는 하늘나라의 상급이 되어 돌아올 것입니다.

2. 서로 사랑의 열매

> "내 계명은 곧 내가 너희를 사랑한 것같이 너희도 서로 사랑하라 하는 이것이니라"(12절)

주님께서 우리를 사랑한 것같이 **'서로 사랑하는 삶'**, 이것 또한 그리스도인들이 주님 앞에 맺어야 할 귀한 열매입니다.

"너희가 나를 택한 것이 아니요 내가 너희를 택하여 세웠나니 이는 너희로 가서 열매를 맺게 하고 또 너희 열매가 항상 있게 하여 내 이름으로 아버지께 무엇을 구하든지 다 받게 하려 함이라 내가 이것을 너희에게 명함은 너희로 서로 사랑하게 하려 함이라"(16-17절)

예수님께서 서로 사랑의 열매를 맺게 하기 위하여 우리를 택하셨다고 말씀하십니다. 결국 우리가 모든 은사를 통하여 맺게 되는 **'구원의 열매'** 또한 궁극적으로는 **'서로 사랑의 열매'**를 맺는 데까지 나아가야 합니다. 즉 **먼저 생명 얻은 자들이 사랑을 행함으로 '구원의 열매'를 맺고, 이렇게 구원을 얻게 된 자들이 '사랑의 공동체'를 이루는 것,** 그것이 바로 **'하나님의 뜻'** 입니다.

그렇다면 무엇 때문에 우리가 서로 사랑의 열매를 맺어야만 할까요? 그 이유는 우리 모든 지체가 한 나무에 속해 있는 가지들이기 때문입니다. 즉 예수 그리스도를 중심으로 여러 가지들이 함께 붙어 하나 된 공동체를 이루고 있는 것, 바로 그것이 그리스도인의 모습이라는 말입니다.

"몸은 하나인데 많은 지체가 있고 몸의 지체가 많으나 한 몸임과 같이 그리스도도 그러하니라"(고전 12:12)

몸의 지체들이 어떤 관계를 맺고 있습니까? 서로 영향을 주고받는 유기적인 관계를 맺고 있습니다. 그러하기에 서로 사랑하고 섬기면 함께 아름답게 되지만, 미워하고 공격하면 같이 어려움을 당하게 되고 결국 말라죽게 되는 것입니다.

"만일 한 지체가 고통을 받으면 모든 지체가 함께 고통을 받고 한 지체가 영광을 얻으면 모든 지체가 함께 즐거워하느니라 너희는 그리스도의 몸이요 지체의 각 부분이라"(고전 12:26-27)

이렇듯 그리스도의 공동체는 서로가 한 몸을 이루고 있기에 서로를 사랑하고 감싸는 일은 결국 자신을 위하는 길이 됩니다. 그러한 과정을 통하여 그 공동체 전체가 아름답게 세워지는 것은 물론입니다. 그러므로 우리가 **'구원의 열매'**를 통해 하나 된 공동체를 이뤘다면, 더 나아가 **'서로 사랑의 열매'**를 맺어 하늘나라 공동체를 이뤄가야 할 것입니다. 참고 성경 구절

※ **참고 성경 구절** – "그러므로 사랑을 받는 자녀같이 너희는 하나님을 본받는 자가 되고 그리스도께서 너희를 사랑하신 것같이 너희도 사랑 가운데서 행하라 그는 우리를 위하여 자신을 버리사 향기로운 제물과 희생 제물로 하나님께 드리셨느니라"(엡 5:1-2)

그렇다면 '서로 사랑'의 가장 깊은 경지가 어떤 단계일까요? 그 답이 13-14절 말씀에 드러나 있습니다.

"사람이 친구를 위하여 자기 목숨을 버리면 이보다 더 큰 사랑이 없나니 너희는 내가 명하는 대로 행하면 곧 나의 친구라"(13-14절)

남을 위해 자신의 목숨을 내어놓을 수 있는 것, 이것은 인간이 표현할 수 있는 가장 고귀하고도 극적인 사랑의 표현입니다. 인간에게 자기 목숨보다 중요한 것은 없기 때문입니다. 주님은 바로 그러한 사랑의 본을 보여주시려고 친히 십자가의 길을 걸어가셨습니다. 그것은 인

간을 향한 지극히 큰 사랑의 표현이었습니다.

주님을 본받는 삶을 살고 싶습니까? 그렇다면 당신도 주님처럼 남을 위해 기꺼이 자신의 생명을 내어줄 수 있는 사랑을 품으십시오. 그때 우리를 향한 사랑 때문에 묵묵히 십자가의 길을 걸어가고 계신 예수님과 만나게 될 것입니다. 그리고 주님으로부터 "사랑하는 나의 친구여!"라는 음성을 듣게 될 것입니다.

생명을 다한 영원한 사랑, 그것만이 세상을 변화시킬 수 있는 능력입니다. 이러한 희생 없이는 결코 이 땅 위에 하늘나라 공동체가 세워질 수 없음을 기억해야 합니다. 따라서 서로 사랑의 열매는 우리 그리스도인들이 이 땅 위에서 반드시 맺어야 하는 열매입니다. 이 땅에서 서로 사랑으로 온전히 하나 된 공동체가 있는 곳, 그곳이 바로 **'교회'**입니다.

3. 고난의 열매

세상 속에서 주님과 우리가 하나 되어 아름다운 열매를 맺어가게 될 때 결코 세상은 그것을 지켜만 보고 있지 않을 것이라고 주님은 경고하십니다.

> "세상이 너희를 미워하면 너희보다 먼저 나를 미워한 줄을 알라 너희가 세상에 속하였으면 세상이 자기의 것을 사랑할 것이나 너희는 세상에 속한 자가 아니요 도리어 내가 너희를 세상에서 택하였기 때문에 세상이 너희를 미워하느니라"(18-19절)

"택함 받은 제자들을 세상이 미워할 것이다"라고 주님은 말씀하십니다. 그 까닭은 제자들이 세상에 속하지 않고, 주님께 속한 삶을 살기 때문입니다. 예수님의 가지가 되어 그분의 열매를 맺는 삶, 그것은 또 하나의 작은 예수가 되어 이 땅을 살아가는 것을 의미합니다. 그러하기에 세상이 예수님을 배척하고, 미워했으며, 심지어 십자가에 못 박았던 것처럼 제자들 또한 미워하고 핍박할 것입니다.

> "믿음에 굳게 서서, 악마를 맞서 싸우십시오. 여러분도 아는 대로, 세상에 있는 여러분의 형제자매들도 다 같은 고난을 겪고 있습니다" (벧전 5:9; 표준새번역)

예수님의 제자가 되어 그 안에 거하며 열매를 맺으며 산다는 것이 결코 쉬운 일은 아닙니다. 자신의 힘으로는 도저히 감당할 수 없는 고난과 역경을 감수해야 할 때도 있습니다. 그러나 그것은 의를 위한 고난이요, 하나님 나라를 세우기 위해 당하는 핍박입니다. 결국 이러한 핍박까지도 믿음으로 이겨 낼 때에야 우리는 비로소 하나님의 진리를 이 땅 위에 세울 수 있을 것입니다. 그것이 우리가 받을 하늘나라의 상급이요, **'고난의 열매'** 입니다.

> "나는 선한 싸움을 싸우고 나의 달려갈 길을 마치고 믿음을 지켰

으니 이제 후로는 나를 위하여 의의 면류관이 예비되었으므로 주 곧 의로우신 재판장이 그 날에 내게 주실 것이며 내게만 아니라 주의 나타나심을 사모하는 모든 자에게도니라"(딤후 4:7-8)

세상은 우리와 생활 방식과 목적, 그리고 가치관에 이르기까지 모두 다릅니다. 때문에 삶의 전 영역에서 반드시 부딪힐 수밖에 없습니다. 즉 세상과의 충돌을 피할 수 없다는 말입니다. 그래서 예수님께서는 **"내가 세상에 화평을 주러 온 줄로 생각하지 말라 화평이 아니요 검을 주러 왔노라"(마 10:34)**고 말씀하셨습니다. 이 말씀이 무슨 의미입니까? 세상과 거룩한 다툼, 치열한 영적 전쟁이 있고 나서야 진정한 하늘의 평화가 임할 수 있다는 것입니다.

한 예로, 아이가 넘어져서 다리에 심한 상처를 입게 되었을 때, 문제를 없앤다고 단지 그 상처를 덮어버리고 만다면 나중에 상처는 곪게 되고, 결국에는 썩어버려 더 큰 상처를 만들어 낼 것입니다. 그러므로 이런 상황에 맞는 대처 방법은 비록 아프지만 그 상처를 칼로 도려내고, 소독약을 발라 치료하는 것입니다. 그때에야 비로소 상처가 아물게 되어 온전한 치유가 일어날 것입니다.

주님이 말하는 **'화평'**도 이와 같습니다. 때문에 이 땅 위에 하늘의 평화를 이루기 위해서는 의를 위한 분쟁도 있을 것이고, 치열한 영적 싸움도 있을 것입니다. 그러니 세상이 하나님의 사람들을 미워하고 모함하는 것은 당연한 일 아니겠습니까? 참고 성경 구절

※ **참고 성경 구절** – "악에게 지지 말고 선으로 악을 이기라"(롬 12:21)

세상과 아무런 분쟁이 없는 삶, 그것은 결코 축복이 아닙니다. 왜냐하면 우리가 이 땅에서 그리스도인의 모습을 바르게 보여주지 못했다는 것을 의미하기 때문입니다. 주님의 뜻에 따라 살아가게 되면 그 사람으로 인해 주위 사람들 모두가 변해야 하기 때문에 핍박을 당하게 되는 것이 어쩌면 당연한 일입니다. 그러므로 당신이 주님 앞에 진정한 사역자라면 주님을 위해 기꺼이 핍박과 고난을 당하십시오. 그것이

생명 있는 자의 삶이요, 열매 맺는 자의 모습입니다.

포도나무에서 떨어져 나간 가지는 열매를 맺기 위해 노력할 필요가 전혀 없습니다. 그저 그렇게 놓여져 있다가 땔감으로 쓰여지면 그만이기 때문입니다. 그러나 포도나무에 붙어 있어 있는 가지라면 열매를 맺기 위해 최선을 다해야만 합니다. 열매는 결코 거저 얻어지지 않습니다. 열매를 맺기까지는 저항도 있고 어려움도 있습니다.

그러나 그렇게 어려움과 핍박 가운데서 맺어 가는 **'구원의 열매'**, **'서로 사랑의 열매'**, 그리고 **'고난의 열매'** 가 바로 하나님께는 영원한 기쁨이 된다는 사실을 기억하십시오. 하나님의 기쁨이 되는 삶, 그것만으로도 우리의 전부를 걸 이유는 충분하지 않습니까? 이제 이 말씀을 듣고 일어납시다. 그리고 세상을 향해 나아갑시다. 이 땅에는 우리가 추수해야 할 수많은 영혼들이 기다리고 있습니다. 바로 당신이 열매 맺는 자의 주인공이 되십시오.

♪내가 원하는 한 가지 주님의 기쁨이 되는 것.

참고 사항

토의 사항

당신의 삶에서 과연 구원의 열매, 서로 사랑의 열매, 고난의 열매가 맺어지고 있습니까? 만약 맺어지고 있지 않다면 그러한 열매를 맺기 위해 어떠한 노력을 기울여야 할까요?

4과

성령의 인도를 받는 사역

(요 16:1-15)

참고 사항

4과

성령의 인도를 받는 사역

(요 16:1–15)

주님께서는 마지막 고별사 중 다시 한번 제자들에게 너희가 나를 따르는 삶을 인하여 회당 공동체에서 출회(출교)를 당하게 될 것이라고 선포하십니다(2절 상). 그런데 여기서 우리의 주목을 끄는 부분이 있습니다. 그것은 그들이 너희를 죽이면서도 **"이것이 하나님을 섬기는 일"(2절 하)**이라고 주장한다는 것입니다.

이 말씀의 의미가 무엇입니까? 예수님의 제자들을 핍박하고 심지어 죽이기까지하는 이들이 놀랍게도 하나님을 모르는 자들이 아니라는 사실입니다. 그들은 하나님을 알 뿐 아니라 하나님을 섬기며 예배까지 드리던 자들입니다. 그런 자들이 하나님의 제자들을 핍박하고 죽이면서도, 이것이 하나님을 진심으로 섬기는 일이라고 외쳐대는 것입니다.

어떻게 하나님을 믿고 따른다고 하면서 이토록 하나님의 뜻에 반하여 살게 되었을까요? 그 답이 3절에 나타나 있습니다.

"그들이 이런 일을 할 것은 아버지와 나를 알지 못함이라"(3절)

그들이 하나님을 섬기기 위해 행했던 모든 일들이 결국 악행이 된 것은 그 섬김을 받아야 할 대상인 하나님과 예수 그리스도를 바로 알지 못했기 때문입니다. 결국 사탄의 꾀임에 빠져 하나님의 뜻을 바로 보지 못했을 때, 그들은 하나님의 이름으로 하나님의 사람을 핍박하는 죄를 행하게 된 것입니다. 결국 영적 싸움의 선봉에 서 있던 교회는 그 시작부터 끊임없이 핍박을 당할 수밖에 없었습니다.

참고 성경 구절

※ **참고 성경 구절** – "나로 말미암아 너희를 욕하고 박해하고 거짓으로 너희를 거슬러 모든 악한 말을 할 때에는 너희에게 복이 있나니 기뻐하고 즐거워하라 하늘에서 너희의 상이 큼이라 너희 전에 있던 선지자들도 이같이 박해하였느니라"(마 5:11–12)

※ **참고 성경 구절** – "그러나 의를 위하여 고난을 받으면 복 있는 자니 그들이 두려워하는 것을 두려워하지 말며 근심하지 말고"(벧전 3:14)

오늘날에도 그 영적 싸움은 계속되고 있습니다. 그러나 우리가 명심해야 할 것은 이 영적 싸움을 우리의 힘만으로는 도저히 이길 수 없다는 사실입니다. 그래서 우리에게 필요한 것이 **'성령의 능력'** 입니다. 오직 성령님만이 우리에게 핍박을 담대히 이길 수 있는 용기를 주시고, 주님의 제자로서의 이 땅에 승리를 선포할 수 있는 믿음을 주시기 때문입니다. 그러므로 우리는 **'성령의 사람'** 이 되어야만 합니다.

1. 우리의 도움이 되시는 성령

> "오직 너희에게 이 말을 한 것은 너희로 그 때를 당하면 내가 너희에게 말한 이것을 기억나게 하려 함이요 처음부터 이 말을 하지 아니한 것은 내가 너희와 함께 있었음이라"(4절)

오직 주님의 말씀 안에 거하는 자들만이 그 어떤 환난이나 핍박 가운데서도 꿋꿋이 하나님의 뜻을 지켜 나갈 수 있습니다. 그렇기 때문에 우리가 이 땅에서 주님의 사역자로 살아가기 위해서는 주님의 말씀을 항상 묵상하고 기억해야만 합니다. 이 일을 가능케 하시는 분이 바로 성령님이십니다.

> "보혜사 곧 아버지께서 내 이름으로 보내실 성령 그가 너희에게 모든 것을 가르치고 내가 너희에게 말한 모든 것을 생각나게 하리라"(요 14:26)

성령님께서는 그리스도인들이 진리의 길을 바로 걸어갈 수 있도록 주님의 말씀을 생각나게 해주십니다. 그러하기에 성령님을 떠나서는 결코 말씀을 따라 사는 참된 성도가 될 수 없습니다. 주님의 말씀 안에 거하지 않는 자, 그는 감정과 욕망 앞에서 주님의 길을 포기해 버릴 수밖에 없습니다. 그러므로 주님의 말씀을 우리 삶에 담는 일은 그 무엇

참고 사항

보다 중요합니다. 담아둔 말씀이 없이 그것을 삶 속에 나타낼 수는 없기 때문입니다.

우리로 하여금 필요할 때마다 말씀을 기억하도록 도우시는 것이 성령님의 일이라면, 성령님께서 그처럼 우리를 도우실 수 있도록 말씀을 보고, 듣고, 마음속에 담는 일은 우리의 일입니다. 이것은 마치 땅에 씨앗을 심으면, 적절한 여건과 일기가 맞음으로 싹이 나는 것과 같은 이치입니다. 그러므로 당신이 하나님의 사역자로 선 자라면, 그분의 말씀이 당신의 삶을 통해 역사할 수 있도록 늘 주님의 말씀을 품고 사는 자가 되어야 합니다. 참고 성경 구절

※ **참고 성경 구절** – "만일 너희 속에 하나님의 영이 거하시면 너희가 육신에 있지 아니하고 영에 있나니 누구든지 그리스도의 영이 없으면 그리스도의 사람이 아니라"(롬 8:9)

> "그러나 내가 너희에게 실상을 말하노니 내가 떠나가는 것이 너희에게 유익이라 내가 떠나가지 아니하면 보혜사가 너희에게로 오시지 아니할 것이요 가면 내가 그를 너희에게로 보내리니"(7절)

우리를 위해 이 땅에 오셨던 예수님께서 이제는 내가 떠나가는 것이 너희에게 유익하다고 말씀하십니다. 그 이유가 무엇입니까? 첫째는, 주님이 떠나가시는 것이 구원 사역의 완성을 의미하기 때문이고, 둘째는, 주님이 떠나셔야만 보혜사 성령님이 이 땅에 임할 수 있기 때문입니다. 그래서 주님께서는 모든 구원 사역을 마치신 후에 우리의 유익을 위하여 이 땅을 떠나신 것입니다. 육신을 입은 주님께서 떠나신 후 성령님을 통해 비로소 제자들이 영적 세계를 알게 되었을 때, 그들은 주님을 바로 알고 따르는 참된 그리스도인이 될 수 있었습니다.

참고 성경 구절

※ **참고 성경 구절** – "그러므로 우리가 이제부터는 어떤 사람도 육신을 따라 알지 아니하노라 비록 우리가 그리스도도 육신을 따라 알았으나 이제부터는 그같이 알지 아니하노라"(고후5:16)

> "그러므로 너희는 가서 모든 민족을 제자로 삼아 아버지와 아들과 성령의 이름으로 세례를 베풀고 내가 너희에게 분부한 모든 것을 가르쳐 지키게 하라 볼지어다 내가 세상 끝 날까지 너희와 항상 함께 있으리라 하시니라"(마 28:19-20)

성령님께서는 세상의 끝 날까지 우리와 함께하시며, 하나님 나라를 세워갈 것입니다. 그러므로 우리는 이 모든 사역을 능하도록 도우시는 성령님을 사모해야만 합니다.

2. 우리를 책망하시는 성령

성령님은 우리를 유익하게 하시지만 때에 따라 우리를 책망하시기도 합니다. 그러나 이 책망은 생명을 위한 책망이요, 사랑의 책망입니다.

> "그가 와서 죄에 대하여, 의에 대하여, 심판에 대하여 세상을 책망하시리라"(8절)

> "그가 오시면, 죄와 의와 심판에 대하여 세상의 잘못을 깨우치실 것이다"(8절; 표준새번역)

진리의 영이신 성령님께서 우리를 책망하며 이끌어 주시지 않는다면, 우리는 인간의 정욕에 이끌리는 삶을 살 수밖에 없습니다. 그러므로 성령이 충만하게 되면 그분의 꾸짖음에 민감해질 뿐 아니라, 그 책망을 기꺼이 받아들여 변화된 삶을 살게 됩니다. 그러면 성령님께서 이 세상을 향하여 발하는 책망이 무엇인지 말씀을 통해 살펴보도록 하겠습니다.

1) 죄에 대하여 – 그리스도를 믿지 않는 것

"죄에 대하여라 함은 그들이 나를 믿지 아니함이요"(9절)

'죄'는 헬라어로 **'하마르티아'**(*hamartia*)입니다. 이는 **'과녁에서 벗어났다'**는 뜻입니다. 그리스도인은 예수 그리스도를 과녁 삼고 그 과녁을 향해 나아가는 자들입니다. 따라서 그 과녁을 향해 제대로 나아가는 것이 진리의 삶이요, 의로운 삶입니다. 때문에 그 과녁에서 벗어난 삶은 죄 된 삶일 수밖에 없습니다.

그러므로 성령님께서는 다른 어떤 행위보다도 그리스도를 믿지 않는 것이 죄라고 말씀하십니다. 즉 예수 그리스도를 향해 조준되어 있지 않는 삶 자체가 이미 죄라는 것입니다. 그래서 죄에 사로잡혀 있던 유대인들은 하나님의 아들이신 예수님을 십자가에 못 박았습니다. 그러면서도 그것이 죄인 줄 몰랐습니다. 그러나 성령이 임하게 되었을 때 비로소 그들은 예수님을 못 박아 죽인 것이 죄 중의 죄였음을 깨닫게 되었습니다.

"그런즉 이스라엘 온 집은 확실히 알지니 너희가 십자가에 못 박은 이 예수를 하나님이 주와 그리스도가 되게 하셨느니라 하니라 그들이 이 말을 듣고 마음에 찔려 베드로와 다른 사도들에게 물어 이르되 형제들아 우리가 어찌할꼬 하거늘"(행 2:36-37)

그렇다면 과연 당신은 성령님으로 인해 주님께 정조준 된 삶을 살고 있습니까? 만약 주님으로부터 벗어난 삶의 자리에 있다면 성령님의 책망을 겸허하게 받아들이십시오. 그리하여 온전히 주님께만 초점을 맞추고 나아가길 바랍니다.

2) 의에 대하여 - 구원의 도를 외면하는 것

"의에 대하여라 함은 내가 아버지께로 가니 너희가 다시 나를 보지 못함이요"(10절)

"의에 대하여 깨우친다고 함은 내가 아버지께로 가고 너희가 나를 더 이상 못 볼 것이기 때문이요"(10절; 표준새번역)

예수님께서 하나님의 품으로 돌아가게 되어 더 이상 보지 못하게 되는 것이 **'하나님의 의'** 라는 것을 성령님께서 가르쳐 주실 것이라고 말씀하십니다. 여기서 **'아버지께로 간다'** 는 것은 **'십자가를 진다'** 는 말인데, 이는 **우리의 불의로 말미암아 주님께서 십자가 위에서 죽음을 당하는 것을 의미**합니다. **그 결과로 하나님의 의가 이 땅에 나타나게 된 것**입니다. 이 모든 역사는 성령님의 도우심 속에서만 이뤄집니다.

"성령으로 아니하고는 누구든지 예수를 주시라 할 수 없느니라"(고전 12:3 하)

하나님께서는 성령님을 통하여 이 **'의로운 길'** 에 동참하지 않은 자들을 책망하실 것입니다.

'그리스도의 의' 외에 세상에는 유대인들이 주장하는 **'율법적인 의'** 와 세상 사람들이 추구하는 **'자기 의'** 가 있습니다. 그러나 '그리스도의 의' 외에는 하나님께로 나아갈 수 있는 길이 없습니다. 그러므로 '율법적인 의' 와 '자기 의' 는 성령님께 책망받을 수밖에 없는 것입니다.

먼저 유대인들이 말하는 **'율법적인 의'** 에 대해 성경은 이렇게 말합니다.

"내가 하나님의 은혜를 폐하지 아니하노니 만일 의롭게 되는 것이 율법으로 말미암으면 그리스도께서 헛되이 죽으셨느니라"(갈 2:21)

율법은 우리로 하여금 죄를 깨닫게 해줍니다. 그러나 우리를 의롭게 만들지는 못합니다. 그래서 바울은 율법을 통해서는 우리가 의롭게 될 수 없다고 선포합니다. 만약 율법으로 인하여 우리가 의롭게 된다면, 그리스도의 죽음도 헛된 것이 되어 버리기 때문입니다. 그래서 율법적인 의를 추구하는 자들은 **'의로움에 대한 갈망'** 은 있으나 결코 **'의로움의 완성'** 은 이루지 못합니다.

또한 세상 사람들이 주장하는 **'자기 의'** 가 있습니다.

> "사람에게 보이려고 그들 앞에서 너희 의를 행하지 않도록 주의하라 그리하지 아니하면 하늘에 계신 너희 아버지께 상을 받지 못하느니라"(마 6:1)

이러한 '자기 의' 는 우리 인간을 구원의 길이 아닌 멸망의 길로 인도합니다. 사울 왕이 처음에는 하나님의 뜻을 잘 좇아 살아가다가 후에 실패한 인생이 된 이유도 '자기 의' 를 추구했기 때문입니다. '자기 의' 만 추구하던 사울의 종말이 어떻게 됐습니까? 죽음으로 끝맺게 되었습니다. 이러한 증거들을 거울 삼아 우리는 '그리스도의 의' 를 추구하는 자가 되어야 합니다.

> "그리스도께서도 단번에 죄를 위하여 죽으사 의인으로서 불의한 자를 대신하셨으니 이는 우리를 하나님 앞으로 인도하려 하심이라 육체로는 죽임을 당하시고 영으로는 살리심을 받으셨으니"(벧전 3:18)

이와 같이 예수님께서 십자가의 도를 통하여 의의 길을 보이셨음에도 불구하고 그분의 구속을 믿지 못하고 예수님을 그리스도로 영접하지 아니할 때, 성령님은 그 불의에 대해 책망하실 것입니다.

3) 심판에 대하여 – 불충성의 죄

"심판에 대하여라 함은 이 세상 임금이 심판을 받았음이라"(11절)

당시 최고의 권력자였던 로마 황제는 자신을 가장 존귀한 자로 생각했으며, 다른 사람들도 그들을 가장 복된 자로 알고 추앙했습니다. 말하자면 그들은 자기 자신을 곧 법이요, 하나님이요, 심판자라고 확신했던 것입니다. 그러나 하나님께서는 그와 같은 세상 임금들을 반드시 심판하시리라 말씀하십니다.

"나를 존중히 여기는 자를 내가 존중히 여기고 나를 멸시하는 자를 내가 경멸하리라"(삼상 2:30 하)

이 세상의 임금들은 자신에게 충성할 것을 사람들에게 요구했습니다. 자기가 모든 것의 주체이며, 의가 되고, 심판자가 되는 줄 알았기 때문입니다. 그러나 초대 교회 성도들은 그러한 요구에 결코 응하지 않았습니다.

설사 그것이 죽음을 대가로 한 것일지라도 그러한 세상 임금들의 요구를 거절했습니다. 왜입니까? 주님이 오시는 날 진정한 심판이 있으리란 것을 성령님을 통해 깨달았기 때문입니다. 그렇습니다. 오직 참된 심판은 하나님께만 있습니다.

그러므로 성령 충만한 자는 하나님이 우리의 심판자이심을 잊지 않고 살아가는 자입니다. 그러한 자세로 살아가게 될 때 우리는 **'하나님의 심판'** 을 받는 것이 아니라 **'하나님의 선택'** 을 받게 될 것입니다.

3. 진리로 인도하시는 성령

"그러나 진리의 성령이 오시면 그가 너희를 모든 진리 가운데로 인도하시리니"(13절 상)

우리와 함께하시기 위해 이 땅에 오신 성령님은 진리의 영이십니다. 그러므로 그분과 만난다는 것은 진리와의 만남을 의미합니다. 진리의 영이신 성령님은 우리에게 진리를 소개하는 데 그치지 않고 깨달아 알 수 있도록, 그리하여 받아들일 수밖에 없도록 강권적으로 역사 하십니다. 만일 '사랑하라', '감사하라' 하고 내버려두면 어떻게 되겠습니까? 언제나 제자리걸음만 하고 있지 않겠습니까? 그러나 성령이 역사하심으로 우리가 주님 안에 사랑할 수밖에 없도록, 감사할 수밖에 없도록 이끄십니다. 따라서 진리의 영을 만나면 진리 밖에 있던 우리의 삶이 참된 진리의 삶으로 조정됩니다.

목자의 모습을 살펴보면 인도한다는 말의 의미를 보다 깊이 이해할 수 있습니다. 목자가 양을 인도할 때 양이 좋아하는 일만 하지 않습니다. 때로는 푸른 초장으로 인도하기 위하여 음침한 골짜기를 지나야 할 때도 있습니다.

이 길을 양들이 가지 않으려 하면 처음에는 달래어 끌고 가지만 나

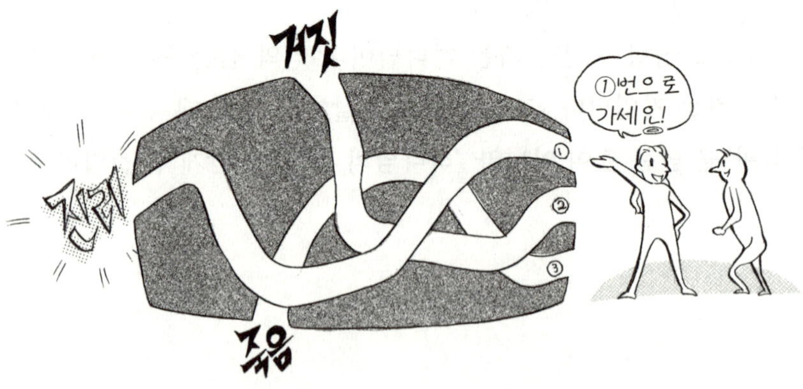

중에는 강권적으로라도 잡아서 끌고 갑니다. 목자의 지팡이 끝이 구부러진 이유가 바로 목자를 따라오지 않는 양의 목을 걸어서 잡아당기기 위함입니다.

이처럼 성령님은 우리를 너무나 사랑하시기에 진리의 길을 벗어나서도 깨닫지 못할 때는 강권적으로라도 끌고 가십니다. 성령님께서 우리로 하여금 말씀을 알게 하고, 믿게 하며, 순종하게도 하시는 이유는 결국 우리 모두를 하나님 앞으로 인도하기 위함입니다. 그러므로 성령이 충만한 자는 자신의 자아까지도 모두 다 주님 앞에 내려놓고 겸허히 그분의 인도를 따라가야 합니다.

> "그가 스스로 말하지 않고 오직 들은 것을 말하며 장래 일을 너희에게 알리시리라"(13절 하)

성령님은 우리를 인도하실 때 결코 자의로 말하지 않으십니다. 그분은 오직 듣는 것만을 말씀하십니다. 그렇다면 그분이 듣는 것이 무엇입니까? 바로 하나님의 진리의 말씀입니다. 성령님은 오직 하나님의 말씀만 듣기에 그 진리로 충만할 수밖에 없습니다. 그로 인해 성령님은 우리를 진리 가운데로 인도할 수 있는 것입니다.

이러한 깨달음을 통해 우리가 어떻게 자의로 말하지 않고 하나님의 진리만을 선포하는 자가 될 수 있는지 알 수 있습니다. 그 비결은 먼저 하나님의 말씀으로 나 자신을 가득히 채우는 것입니다. 그리하여 오직 하나님의 말씀밖에 드러날 것이 없는 자가 되어야 합니다. 그때 우리는 세상의 정욕에 빠져 헤매는 자들을 하나님의 진리 가운데로 인도할 수 있는 사역자가 될 것입니다.

여기서 또 하나 주목할 점은, 성령님께서 하나님으로부터 들은 것을 말씀하시면서 장래 일 또한 우리에게 알려주신다는 사실입니다. 여기서 장래 일이 무엇이겠습니까? 우리의 사업이 잘될 것인지, 자녀가 대학에 합격할 것인지를 알려주는 것입니까? 아닙니다. 우리 그리스도인들의 궁극적인 미래를 알려주는 것입니다. 바로 **'하늘나라의 소망'**

을 갖게 하신다는 말입니다. 진리의 길을 걸어가는 것이 결코 쉬운 일이 아님에도 기꺼이 그 길을 걸어갈 수 있는 이유는, 우리 안에 성령님으로 인한 하늘 소망이 있기 때문입니다.

> "그가 내 영광을 나타내리니 내 것을 가지고 너희에게 알리시겠음이라"(14절)

주님께서 승천하신 뒤 성령님께서 강림하셨지만, 성령님은 주님과 분리되지 않았습니다. 성령님의 모든 사역이 주님의 사역의 연장 선상에 있었다는 말입니다. 결국 성령님의 모든 사역은 주님의 사역의 결실을 맺는 것이었습니다. 그래서 성령님께서는 주님의 것을 받아서, 그것만을 우리에게 알리셨습니다. 그 결과 예수 그리스도의 영광이 우리 가운데 나타나게 된 것입니다.

그렇다면 여기서 주님께서 말한 **'내 것'** 이 무엇입니까? 그것은 15절에 잘 나타나 있습니다.

> "무릇 아버지께 있는 것은 다 내 것이라 그러므로 내가 말하기를 그가 내 것을 가지고 너희에게 알리시리라 하였노라"(15절)

하나님의 것이 모두 다 예수님 자신의 것이라는 말씀입니다. 따라서 성령님께서 우리에게 알리신 것은 모두 다 하나님의 뜻이었습니다.

그렇다면 성령 충만한 사람은 과연 어떤 사람일까요? 하나님의 것인 동시에 예수 그리스도의 것인 그 모든 비밀을 깨달음으로 주님의 영광을 이 땅에 나타내는 사람이 아니겠습니까? 그러므로 우리가 성령 받은 사역자라고 한다면 그리스도의 놀라운 구원의 비밀을 세상에 알림으로써 그분의 영광을 나타내야 합니다. 그것은 나의 힘만으로는 감당할 수 없는 것이며, 오직 성령님이 함께 하심으로 이룰 수 있는 일입니다.

참고 사항

토의 사항

당신은 과연 진정으로 성령의 인도하심을 받는 사역을 감당하고 계십니까?

5과

최후 승리를 믿는 자가 되라!

(요 16:16-33)

5과

최후 승리를 믿는 자가 되라!

(요 16:16-33)

요한복음 13장에서부터 시작된 주님의 고별사가 본문에 이르러 실질적으로 마무리됩니다. 17장의 말씀은 주님께서 하나님을 향해 드리는 마지막 기도이기 때문에 지금까지의 고별사와는 구별되는 면이 있습니다. 자신의 유언을 마무리짓는 순간에 이르러 주님께서는 이제까지 그 모든 가르침을 주신 이유를 말씀하십니다. 그 이유를 한마디로 표현하자면 **'담대하게 세상을 이기는 자'** 가 되라는 것입니다.

육적인 눈으로 보기에는 세상의 세력이 더 강하고 대단한 것처럼 보입니다. 하지만 성령의 역사를 통해 영적인 눈을 뜨게 되면 주님이 이루실 최후 승리를 볼 수 있게 됩니다. 바로 그 최후 승리에 대한 믿음이 오늘 우리의 삶을 당당하게 만들고, 세상을 압도할 수 있는 힘의 근원이 되는 것입니다.

1. 슬픔이 변하여 기쁨으로

"조금 있으면 너희가 나를 보지 못하겠고 또 조금 있으면 나를 보리라 하시니"(16절)

이 말씀의 의미가 무엇입니까? '조금 있으면 너희가 나를 보지 못하겠다' 는 말은 십자가에서 주님의 죽음을 의미합니다. 또한 '조금 있으면 나를 보리라' 하신 말씀은 주님의 부활을 뜻합니다. 그러나 제자들은 이러한 주님의 말씀을 전혀 이해하지 못합니다.

"제자 중에서 서로 말하되 우리에게 말씀하신 바 조금 있으면 나를 보지 못하겠고 또 조금 있으면 나를 보리라 하시며 또 내가 아버지께로 감이라 하신 것이 무슨 말씀이냐 하고 또 말하되 조금 있으면이라 하신 말씀이 무슨 말씀이냐 무엇을 말씀하시는지 알지 못하노라 하거늘"(17-18절)

주님께서는 분명히 십자가 위에서 죽으셨지만, 그것은 끝이 아니라 영원한 생명의 시작이었습니다. 주님을 통하여 우리는 인간의 죽음이 영원한 끝이 아니라는 사실을 깨닫게 됩니다. 그것은 오히려 영원한 생명의 시작일 뿐입니다. 그래서 주님은 십자가의 죽음을 통하여 '잠깐 근심' 하게 되나, 부활의 주님을 인하여 '영원한 기쁨' 이 임할 것이라고 예언하신 것입니다.

우리가 이 땅을 살아가는 동안 진리를 좇아 살아야 할 이유가 바로 여기에 있습니다. 이 땅에서 진리를 좇아 살았던 자에게만 영원한 생명이 약속되어 있기 때문입니다. 주님은 그 생명의 기쁨에 대해 다음과 같이 표현하고 있습니다.

"여자가 해산하게 되면 그 때가 이르렀으므로 근심하나 아기를 낳으면 세상에 사람 난 기쁨으로 말미암아 그 고통을 다시 기억하지 아니하느니라"(21절)

여인이 아이를 낳는 해산의 고통은 이루 말할 수 없는 고통의 극치입니다. 그러나 그 고통을 평생 기억하며 사는 사람은 없습니다. 왜입니까? 생명을 얻은 기쁨이 더 크기 때문입니다. 그래서 주님은 계속해서 말씀하십니다.

"지금은 너희가 근심하나 내가 다시 너희를 보리니 너희 마음이 기쁠 것이요 너희 기쁨을 빼앗을 자가 없으리라"(22절)

주님의 죽음을 보며 근심하던 제자들이 부활의 주님을 만나 기뻐하는 것은 당연합니다. 주님은 이 기쁨을 어느 누구도 빼앗을 수 없다고 말씀하십니다. 다시 말해, 어떤 환경, 어떤 상황, 어떤 조건 속에서도 결코 변하지 않는 **'영원한 기쁨'** 이라는 말입니다. 그 이유가 무엇입니까? 바로 **'영원한 생명'** 에서 비롯된 **'완전한 기쁨'** 이기 때문입니다. 주님이 십자가에서 죽으신 이유도 바로 이 영원한 기쁨을 우리에게 선물로 주시기 위함이었습니다.

이 말씀에 비추어 우리 사역의 현장을 돌아봅시다. 그 길이 고되고 아프게 느껴지십니까? 그렇다면 오히려 감사하십시오. 그 고통을 인하여 더욱 큰 기쁨을 얻게 될 것이기 때문입니다. 그 고난의 크기만큼, 아픔의 깊이만큼, 더 크나큰 영원한 기쁨을 선물로 받게 될 것입니다. 이 영원한 생명에 대한 소망이 우리의 모든 사역과 삶을 의미 있게 만듭니다.

"그 날에는 너희가 아무것도 내게 묻지 아니하리라"(23절 상)

부활하신 주님을 만난 사람, 그리하여 그분의 생명 속에 거하는 사람은 더 이상 질문이 없어집니다. 주님의 영원하신 생명이 그를 친히 가르치며 인도하시기 때문입니다.

"내가 진실로 진실로 너희에게 이르노니 너희가 무엇이든지 아버지께 구하는 것을 내 이름으로 주시리라 지금까지는 너희가 내 이름으로 아무것도 구하지 아니하였으나 구하라 그리하면 받으리니 너희 기쁨이 충만하리라"(23절 하-24절)

주님의 그 영원한 생명에 동참한 자가 무엇이든지 하나님께 구하면 주시겠다고 말씀하십니다. 지금까지 제자들과 함께 계셨던 주님이 하늘 보좌로 되돌아감으로써 우리를 향한 중보자가 되시기 때문입니다. 이처럼 우리가 고난당함으로 그 영원한 생명을 선물로 받게 되었을 때, 이 세상에서의 삶 또한 기쁨이 충만할 수 있도록 주님께서 도우십니다. 바로 당신이 그러한 기쁨을 얻는 자가 되십시오. 그리하여 삶 속에서 오직 하늘의 기쁨이 충만한 삶을 사는 자가 되시기 바랍니다.

2. 하나님의 뜻을 구하는 자가 되라

주님께서는 이제까지 비사(비유)로써 하나님의 말씀과 하늘나라의 비밀을 가르치셨습니다. 그러나 이 땅에 오실 성령님께서는 더 이상 비유로 말하지 않고, 모든 것을 영적으로 깨달을 수 있도록 우리를 도우실 것이라고 말씀하십니다.

> "이것을 비유로 너희에게 일렀거니와 때가 이르면 다시는 비유로 너희에게 이르지 않고 아버지에 대한 것을 밝히 이르리라"(25절)

이렇게 성령님을 통해 하늘나라의 영적 비밀을 깨닫게 되면 지금처럼 예수님께서 제자들을 대신하여 하나님께 구하는 것이 아니라, 제자들이 직접 하나님께 기도로 간구하게 될 것이라고 말씀하십니다.

> "그 날에 너희가 내 이름으로 구할 것이요 내가 너희를 위하여 아버지께 구하겠다 하는 말이 아니니"(26절)

> "그 날에는 너희가 내 이름으로 직접 구할 것이며 내가 너희를 대신하여 아버지께 구하지 않아도 될 것이다"(26절; 현대인의 성경)

그렇다면 그 이유가 무엇입니까? 27절에 그 이유가 드러나 있습니다.

> "이는 너희가 나를 사랑하고 또 내가 하나님께로부터 온 줄 믿었으므로 아버지께서 친히 너희를 사랑하심이라"(27절)

제자들이 하나님께 직고할 수 있게 된 것은 제자들이 예수님을 사랑하고, 또한 그분이 하나님께로부터 오신 구원자임을 믿었기 때문입니다. 그래서 아버지께서도 친히 제자들을 사랑하게 되었고, 원수 된 관계에서 자녀 된 관계로 회복되었다는 것입니다. 결국 이 모든 역사를 이루기 위해서는 주님께서 아버지 품으로 가야만 합니다.

"내가 아버지에게서 나와 세상에 왔고 다시 세상을 떠나 아버지께로 가노라 하시니"(28절)

주님은 그 근원도, 목적지도, 모두 하나님 아버지셨습니다. 그래서 이 땅에 계시는 동안 철저하게 하나님의 말씀을 이루기 위하여 기도하신 것입니다. 우리 사역자들의 근원과 목적지 또한 하나님 아버지입니다. 그러므로 우리의 기도와 간구도 철저하게 하나님의 뜻을 이루기 위한 것이어야 합니다.

그렇다면 구체적으로 우리의 기도 내용이 무엇이 되어야 할까요? 이에 대하여 주님께서는 마태복음 6장 7-8절을 통해 다음과 같이 가르치고 계십니다.

"또 기도할 때에 이방인과 같이 중언부언하지 말라 그들은 말을 많이 하여야 들으실 줄 생각하느니라 그러므로 그들을 본받지 말라 구하기 전에 너희에게 있어야 할 것을 하나님 너희 아버지께서 아시느니라"(마 6:7-8)

우리의 필요는 이미 주님이 아시기에 세상 것을 구하기 위하여 기도할 필요가 없다는 말입니다. 그렇다면 우리가 무엇을 위해 기도해야 할까요? 그 답은 바로 다음 구절에 있습니다. 그것은 바로 **'너희는 이렇게 기도하라'** 고 말씀하시며, 우리에게 주신 **'주기도문'** 입니다.

"그러므로 너희는 이렇게 기도하라 하늘에 계신 우리 아버지여 이름이 거룩히 여김을 받으시오며 나라가 임하시오며 뜻이 하늘에서 이루어진 것같이 땅에서도 이루어지이다 오늘 우리에게 일용할 양식을 주시옵고 우리가 우리에게 죄 지은 자를 사하여 준 것같이 우리 죄를 사하여 주시옵고 우리를 시험에 들게 하지 마시옵고 다만 악에서 구하시옵소서 (나라와 권세와 영광이 아버지께 영원히 있사옵나이다 아멘)"(마 6:9-13)

이 기도문을 헬라어 원문으로 살펴보면 하나님께 고백되어지는 세 구절, 즉 **"하늘에 계신 우리 아버지여 이름이 거룩히 여김을 받으시오며, 나라가 임하시오며, 뜻이 하늘에서 이루어진 것같이 땅에서도 이루어지이다"**에 각각 3인칭 명령형 단어가 나옵니다. **'*agiastheto*' (아기아세토), '*elthato*' (엘사토), '*genetheto*' (게네세토)**가 바로 그것입니다. 이 단어들은 그 해석이 **"……되게 하라", "……하게 하라"**, 혹은 **"……해야 한다"**로 풀이됩니다.

그런데 이 명령형 단어들이 가지는 중요한 특징은 말(명령)하는 자가 주체가 된다는 점입니다. 그래서 주기도문을 헬라어 원문의 뜻에 가장 가깝게 풀이하면 다음과 같이 됩니다.

"하나님의 이름이 거룩히 여김을 받도록 내가 하겠습니다.
하나님의 나라가 임하도록 내가 하겠습니다.
하나님의 뜻이 이 땅에 이뤄지도록 내가 하겠습니다."

이 기도를 통해 우리가 무엇을 깨달을 수 있습니까? 바로 우리가 드리는 **'기도의 목적'** 입니다. 그것은 오직 **'하나님 나라를 구하는 것'** 이어야 합니다. 이 고백이 입술만의 고백이 아닌 삶의 고백이 될 때, 이 땅 가운데서 온전히 하나님께서 영광을 받으시게 될 것입니다.

이와 같은 하나님 나라를 위한 간구가 있고 나서야 비로소 우리의 필요를 하나님께 아뢸 수 있습니다. 그것은 구걸이 아니라 하나님께서 이미 준비하고 계신 것에 대한 당당한 요구입니다.

하나님의 뜻을 이 땅 위에 펼쳐가야 하는데 그러한 삶에 하나님으로부터 오는 일용한 양식이 있어야 하고, 나의 죄 씻음에 대한 확신이 있어야 하며, 악한 길에 빠지지 않도록 구해 주셔야 한다는 말입니다. 그렇습니다. 우리가 먼저 하늘의 뜻을 구하는 삶이 될 때, 땅의 것은 이미 하나님께서 예비하고 계십니다.

"그런즉 너희는 먼저 그의 나라와 그의 의를 구하라 그리하면 이 모든 것을 너희에게 더하시리라"(마 6:33)

바로 이것이 우리 기도의 내용이어야 합니다. 이제 우리가 하나님께 기도를 드리는 이유는 더 이상 먹고살기 위함이 아닙니다. 그런 것들은 하나님께서 다 책임져 주십니다. 진정으로 우리가 기도해야 할 이유는 하나님을 향한 사랑을, 그리고 하나님으로부터 오는 사랑을 우리 심령 안에 가득히 채우기 위함입니다. 또한 그렇게 채워진 사랑을 세상 사람들에게 나눠주기 위함입니다. 예수님께서는 본문의 말씀을 통해 그러한 기도를 드리는 제자들이 되기를 진심으로 바라셨습니다.

3. 최후 승리를 믿는 자가 되라

"그때 제자들이 이렇게 말하였다. '지금은 주님이 분명하게 말씀하시고 비유로 하지 않으시니 이제 우리는 더 묻지 않아도 주님께서 모든 것을 다 아시는 분이라는 것을 알겠습니다. 이것으로 우리는 주님이 하나님에게서 오신 분이라고 믿습니다.'"(29-30절; 현대인의 성경)

주님께서는 분명히 그때가 되어야 더 이상 비사(비유)가 필요 없을 정도로 밝히 알게 될 것이라고 말씀하셨습니다(25절). 그러나 제자들은 지금 주님께서 모든 것을 밝히 말씀하셨다고 판단하고는 주님에 대해 이미 모든 것을 알게 되었다고 속단합니다. 이렇게 주님의 뜻을 속단한 제자들은 **'주님을 믿는다'** 고 당당하게 고백합니다. 하지만 이것은 주님을 온전히 알았기에 드리는 신앙 고백이 아니라, 주님을 자기 임의로 판단한 결과로 드리는 **'불신앙의 고백'** 이었습니다. 그래서 주님께서는 이렇게 말씀하십니다.

"예수께서 대답하시되 이제는 너희가 믿느냐 보라 너희가 다 각각 제 곳으로 흩어지고 나를 혼자 둘 때가 오나니 벌써 왔도다 그러나 내가 혼자 있는 것이 아니라 아버지께서 나와 함께 계시느니라"(31-32절)

제자들이 주님을 혼자 두고 각기 제 곳으로 흩어진다는 것이 무엇을 의미합니까? 그것은 배신을 의미합니다. 제자들은 지금 주님을 밝히 알고 주님을 믿노라고 확신에 찬 고백을 하고 있지만, 오히려 주님은 너희가 나를 배신할 때가 벌써 왔다고 경고하고 있는 것입니다. 결국 제자들은 주님의 예언대로 십자가의 주님을 외면하고 말았습니다. 그들이 주님을 다 알았다고 속단하던 때가 곧 배신의 때였고, 그 속단의 결과는 참담한 실패로 끝난 것입니다.

그러나 주님께서는 이러한 제자들의 배신을 앞에 두고서도 당당하십니다. 그 이유가 무엇입니까? 그것은 하나님이 주님과 함께 계시기 때문입니다.

십자가의 길을 가는 우리에게 사람이 위로가 되는 것이 아닙니다. 인간은 결코 우리의 신뢰의 대상이 되지 못하기 때문입니다. 오직 우리가 신뢰할 수 있는 분은 영원히 신실하신 하나님 한 분밖에는 없습니다. 그래서 주님은 모든 사람들이 철저히 자신을 배신하고 떠났을 때, 오히려 더 깊이 하나님과 함께하는 기쁨을 누릴 수 있었습니다.

주님의 말씀에 비춰 본 우리의 모습은 어떻습니까? 가장 믿었던 사람이 나를 배신하면 마치 모든 소망이 사라진 것처럼 낙담하지는 않습니까? 나의 사역을 이해해 주리라 믿었던 사람이 오히려 손가락질을 할 때 심한 좌절과 실망이 엄습해 오지는 않습니까? 그러나 바로 그때가 나와 함께 계신 하나님을 더 깊이 느낄 수 있는 기회입니다.

인간은 결코 믿음의 대상이 아닙니다. 단지 사랑해야 하는 존재일 뿐입니다. 오직 우리의 믿음의 대상은 하나님 한 분밖에 없습니다. 홀로 있다고 생각될 때, 버려졌다고 느껴질 때, 바로 그때 하나님을 바라보십시오. 그분의 위로를 통해 다시 한번 세상을 이길 힘을 얻게 될 것입니다. 그리고 세상이 감당치 못할 담대한 믿음의 소유자가 될 것입니다.

주님께서는 이 모든 말씀을 하신 후에 이제껏 기나긴 설교를 하신 이유를 말씀해 주십니다.

> "이것을 너희에게 이르는 것은 너희로 내 안에서 평안을 누리게 하려 함이라 세상에서는 너희가 환난을 당하나 담대하라 내가 세상을 이기었노라"(33절)

요한복음 13장부터 본문에 이르기까지 주님께서 수많은 가르침을 주신 이유는 바로 제자들로 하여금 주님 안에서 참 평안을 누리게 하기 위함이었습니다. 진리를 추구하는 삶으로 인해 세상으로부터 무수한 고난을 당하게 될 때, 그 어떤 환난도 건드릴 수 없는 절대적인 평안을 제자들이 누리길 원하셨던 것입니다. 그래서 주님은 강력하게 선포하십니다.

> "세상에서는 너희가 환난을 당하나 담대하라 내가 세상을 이기었노라"(33절 하)

주님께서는 **'내가 세상을 이길 것이다'** 라든가 **'이겨야 한다'** 고 말씀하시지 않았습니다. 이미 **'이기었다'** 고 선포하십니다. 그렇습니다. 주님께서 우리에게 세상이 줄 수 없는 평안을 줄 수 있는 까닭은 그분만이 세상을 진정으로 이긴 영원한 승리자이기 때문입니다.

주님의 길을 걸어가는 것이 고달프게 느껴지십니까? 그렇다면 이제 주님의 승리를 믿고 나아가십시오. 우리가 싸우고 있는 이 영적 싸움은 우리에게 속한 것이 아닙니다. 하늘에 속한 것입니다. 그러므로 주님께서 친히 우리를 위하여 싸워 주십니다. 이 싸움은 이미 이긴 싸움입니다.

오늘 우리가 주님의 이름으로 영적 전쟁을 하는 것은 단지 다 이긴 싸움을 확인하는 과정일 뿐입니다. 그러므로 우리는 세상을 향해 담대할 수 있습니다. 이제 주님의 말씀을 자신의 말씀으로 받아들이십시

오. 그리하여 이 험난한 세상에서 담대하게 하나님의 뜻을 이루는 사역자가 되십시오. 주님께서는 이 순간에도 바로 **'그 사람'** 을 찾고 계십니다.

토의 사항

지금까지 당신의 기도는 주님이 원하시는 것을 이루기 위한 기도였습니까? 아니면 자신이 바라는 것만을 간구하는 기도였습니까? 이 시간 함께 나눠봅시다.

당신은 하늘나라 사역자로서 주님의 최후 승리를 믿습니까? 그렇다면 그 믿음이 주는 참 평안을 누리고 계십니까?

6과

하나님을 영화롭게 하는 자

(요 17:1-8)

6과

하나님을 영화롭게 하는 자

(요 17:1-8)

예수님의 삶의 특징을 한마디로 요약하면 **'기도의 삶'** 이었습니다. 예수님께서는 공생애를 시작할 때도 40일 동안 광야에서 금식 기도를 하신 후 시작하셨고, 십자가의 길에 이르는 마지막 순간까지 겟세마네 동산에서 기도하시다 잡히셨습니다. 이렇게 예수님은 모든 사역의 순간마다 기도하기를 쉬지 않으셨습니다.

그러한 예수님께서 모든 공생애 여정을 마무리하시며 하나님을 향해 **'대제사장으로서 기도'** 를 드리십니다. 그것이 바로 17장의 내용입니다. 이 기도를 드리고 난 뒤 예수님은 비로소 겟세마네 동산을 향하여 발걸음을 옮기십니다. 예수님께서 이렇게 매 순간 기도로 살아가신 이유가 무엇입니까? 그것은 모든 사역 가운데 자신의 뜻이 아닌, 오직 **'하나님의 영광'** 만을 드러내고자 했기 때문입니다.

1. 하나님을 영화롭게 한 주님

"예수께서 이 말씀을 하시고 눈을 들어 하늘을 우러러 이르시되 아버지여 때가 이르렀사오니 아들을 영화롭게 하사 아들로 아버지를 영화롭게 하게 하옵소서"(1절)

"예수께서 이 말씀을 하시고"란 요한복음 13-16장에 기록된 고별 설교를 일컫는 것입니다. 그 마지막 설교를 통해 장차 임하게 될 성령에 대해, 성령께서 역사하실 일에 대해, 그리고 그로 인해 나타나게 될 모든 결과들에 대해 선포하셨습니다. 그러고는 눈을 들어 하늘을 바라보십니다. 죽음을 목전에 둔 가장 결정적인 순간, 주님께서는 자신의 삶에서 항상 그래왔듯이 하나님을 우러러보십니다.

바로 여기에 예수님께서 죽음의 길까지도 당당히 걸어갈 수 있었던 비밀이 있습니다. 언제나 예수님의 삶이 하나님만 바라보는 삶이었기에, 그의 모든 사역 속에서 자신이 가야 할 길을 벗어나지 않을 수 있었던 것입니다.

그렇게 하나님을 우러러보신 예수님은 **"아버지여 때가 이르렀사오니 아들을 '영화' 롭게 하사 아들로 아버지를 '영화' 롭게 하게 하옵소서"**라고 기도를 드리십니다. 여기서 예수님이 말하는 **'영화(영광)'** 가 무엇일까요? 그 내용이 5절 말씀에 잘 나타나 있습니다.

> "아버지여 창세전에 내가 아버지와 함께 가졌던 영화로써 지금도 아버지와 함께 나를 영화롭게 하옵소서"(5절)

여기서 예수님이 말하는 '영화' 는 창세전에 하나님과 함께 계셨던 그 자리로 되돌아가서 영광을 받는 것을 의미합니다. 예수님께서는 하나님의 뜻에 따라 우리의 죄를 대속하시기 위해 인간이 되심으로(요 1:14) 하나님과 함께 누렸던 그 모든 '영광의 자리' 를 포기하셨습니다.

> "그는 근본 하나님의 본체시나 하나님과 동등됨을 취할 것으로 여기지 아니하시고 오히려 자기를 비워 종의 형체를 가지사 사람들과 같이 되셨고"(빌 2:6-7)

종의 형체를 입고 하나님의 뜻을 이루기 위해 철저히 헌신했던 주님의 삶에서 단 한 번 하늘의 영광이 나타난 적이 있습니다. 바로 '변화 산상' 에서의 예수님입니다. 그 곳에서 본 예수님의 모습은 그 어떤 빛보다 찬란하게 빛나는 광채였습니다. 너무나 영광스러운 예수님의 모습에 감동한 베드로는 아예 그 변화 산상에 있는 것이 좋으니 다시는

참고 사항

세상에 내려가지 말고 아예 이 곳에 초막을 짓고 머물자고 말합니다. 바로 그때 하늘로부터 하나님의 음성이 들려옵니다.

> "이는 내 사랑하는 아들이요 내 기뻐하는 자니 너희는 그의 말을 들으라 하시는지라"(마 17:5 하) 참고 성경 구절

※ **참고 성경 구절** – "엿새 후에 예수께서 베드로와 야고보와 그 형제 요한을 데리시고 따로 높은 산에 올라가셨더니 그들 앞에서 변형되사 그 얼굴이 해같이 빛나며 옷이 빛과 같이 희어졌더라 그 때에 모세와 엘리야가 예수와 더불어 말하는 것이 그들에게 보이거늘 베드로가 예수께 여쭈어 이르되 주여 우리가 여기 있는 것이 좋사오니 만일 주께서 원하시면 내가 여기서 초막 셋을 짓되 하나는 주님을 위하여, 하나는 모세를 위하여, 하나는 엘리야를 위하여 하리이다 말할 때에 홀연히 빛난 구름이 그들을 덮으며 구름 속에서 소리가 나서 이르시되 이는 내 사랑하는 아들이요 내 기뻐하는 자니 너희는 그의 말을 들으라 하시는지라"(마 17:1-5)

그러나 예수님께서는 그 모든 영광을 뒤로하고 다시금 세상에 내려오십니다. 왜입니까? 아직 하나님의 뜻을 온전히 이루지 못했기 때문입니다. 이제 그 영광이 십자가와 부활을 통하여 예수님께 다시금 주어져야 합니다. 바로 이것이 **'아들을 영화롭게 하사'** 라는 말의 의미입니다.

십자가와 부활의 역사를 통해 창세전에 있었던 영광이 회복된 예수님은 이제 자신을 믿는 자들에게 영생을 줄 수 있는 권세를 부여받으십니다. 그 권세를 발휘함으로써 **'아들은 아버지를 영화롭게 하는 것'** 입니다.

"아버지께서 아들에게 주신 모든 사람에게 영생을 주게 하시려고

만민을 다스리는 권세를 아들에게 주셨음이로소이다"(2절)

이 영생은 유일하신 참 하나님과 그가 보낸 예수 그리스도를 아는 것(3절)이라고 예수님은 스스로를 가리켜 말씀하십니다. 결국 예수님께서는 하나님께서 하라고 하신 일들을 끝까지 완수함으로써 하나님께 영광을 돌리셨습니다.

"아버지께서 내게 하라고 주신 일을 내가 이루어 아버지를 이 세상에서 영화롭게 하였사오니"(4절)

하나님께서 예수님께 하라고 주신 일이 무엇입니까? 그것은 성육신 사건, 십자가의 죽음, 그리고 부활과 승천에 이르기까지 예수님의 전 생애를 통해 이루신 일들이었습니다. 주님은 이 구원의 역사를 온전히 성취하기 위하여 철저히 자신을 깨뜨리셨습니다. 그 결과 하나님을 영화롭게 하는 구원의 길을 열어 놓으신 것입니다. 이것이 바로 **'주님이 행하신 일'** 입니다.

이 모든 역사를 통해 예수님은 창세전에 있었던 영광의 자리를 회복할 것이며, 이로 인해 하나님 또한 영광을 받게 될 것입니다. 이러한 예수님의 사역에 대해 바울은 다음과 같이 증거합니다.

"사람의 모양으로 나타나사 자기를 낮추시고 죽기까지 복종하셨으니 곧 십자가에 죽으심이라 이러므로 하나님이 그를 지극히 높여 모든 이름 위에 뛰어난 이름을 주사 하늘에 있는 자들과 땅에 있는 자들과 땅 아래에 있는 자들로 모든 무릎을 예수의 이름에 꿇게 하시고 모든 입으로 예수 그리스도를 주라 시인하여 하나님 아버지께 영광을 돌리게 하셨느니라"(빌 2:8-11)

이러한 예수님의 삶을 본받아 그 뒤를 따르는 것이 제자 된 자의 사명입니다. 예수님처럼 하나님을 영화롭게 하기 위하여 자신의 모든 것을 내려놓고 깨뜨릴 수 있어야 한다는 말입니다. 그것은 철저한 자기 포기와 순종이 있어야만 가능한 일입니다. 그러한 삶의 결단이 있을 때 하나님께서 영광을 받으시게 될 것입니다.

그렇다면 **하나님을 가장 영화롭게 하는 사명**이 무엇이겠습니까? 두말할 것도 없이 **'영혼 구원'** 입니다. 예수님의 삶도 결국 이 사명을 이루기 위한 것이었습니다. 따라서 우리가 예수님을 따라 자신을 철저히 낮추고 깨뜨려서 한 영혼을 구원한다면, 이보다 하나님께 영광 돌리는 일은 없을 것입니다. 세상 가운데 하나님의 사랑을 전함으로 그들의 생명을 구하는 것, 그것이 바로 하나님께서 이 시대의 사역자들에게 바라시는 가장 깊은 뜻입니다. 아무쪼록 모든 사역의 현장에서 하나님의 영광만을 구함으로 뭇 영혼을 살려내는 귀중한 **'생명의 통로'** 가 되시기를 바랍니다.

2. 하나님이 세운 사역자

1-5절까지 예수님께서 자신을 향한 기도를 드리고 난 뒤, 6-8절까지의 기도를 통해 주님의 제자가 된다고 하는 것이 어떤 의미인지를 가르쳐 주십니다.

> "세상 중에서 내게 주신 사람들에게 내가 아버지의 이름을 나타내었나이다"(6절 상)

예수님께서는 **"세상 중에서"** 하나님께서 친히 택하여 **"내게 주신 사람들"**이 있다고 말씀하십니다. 이 말씀이 무슨 뜻입니까? 주님의 제자가 되는 것이 인간의 뜻을 따라 된 것이 아니라 하나님의 은혜로 된 것임을 말하고 있는 것입니다.

> "나를 보내신 아버지께서 이끌지 아니하시면 아무도 내게 올 수 없으니 오는 그를 내가 마지막 날에 다시 살리리라"(요 6:44)

죄 된 우리가 구원자의 반열에 설 수 있게 된 것이 하나님의 은혜가 아니고 무엇이겠습니까? 더 나아가, 하나님 나라를 위한 제자가 된다는 것은 더더욱 하나님의 은혜일 뿐입니다. 이렇게 하나님이 택하여 보내 주신 자들에게 예수님은 오직 **'아버지(하나님)의 이름'** 만을 나타내셨습니다.

예수님께서는 많은 능력과 권세를 가지고 있었지만 결코 자신을 드러내는 일은 없었습니다. 오직 신비하고도 전능하신 하나님의 이름만을 나타내는 삶을 사셨습니다. 그리하여 구원받는 이들이 하나님을 **'아바 아버지'** 라 부르게 만드셨습니다.

> "너희가 아들이므로 하나님이 그 아들의 영을 우리 마음 가운데 보내사 아빠 아버지라 부르게 하셨느니라"(갈 4:6)

이러한 예수님의 삶을 본받아 우리 또한 하나님께서 맡겨 주신 영혼들에게 자신의 이름을 나타내서는 안 됩니다. 언제나 하나님의 이름만을 나타내야 합니다. 우리의 모범 되신 예수님께서는 하나님의 이름만을 나타내기 위하여 오직 하나님으로부터 온 말씀만 전하셨습니다.

> "세상 중에서 내게 주신 사람들에게 내가 아버지의 이름을 나타내었나이다"(8절 상)

예수님께서는 자신에게 맡겨진 영혼들에게 다른 말을 하지 않으셨습니다. 철저하게 하나님의 말씀만을 전했습니다. 그리하여 하나님의 이름이 이 땅 위에서 거룩히 여김을 받도록 하셨습니다.

당신은 하나님께서 친히 세우신 사역자입니다. 그러므로 사역을 감당하는 가운데 자신에게 맡겨진 영혼들에게 사람의 말을 전해서는 안 됩니다. 우리가 아무리 유창한 말로 치장한다 할지라도 인간의 말로 사람의 존재를 새롭게 할 수 없기 때문입니다. 오직 영원하신 하나님의 말씀만이 사람을 새롭게 할 수 있습니다. 그러하기에 자신에게 맡겨진 영혼들에게 하나님의 말씀을 주는 것보다 더 큰 사랑은 없습니다.

3. 하나님을 영화롭게 하는 사역자

> "나는 아버지께서 내게 주신 말씀들을 그들에게 주었사오며 그들은 이것을 받고 내가 아버지께로부터 나온 줄을 참으로 아오며 아버지께서 나를 보내신 줄도 믿었사옵나이다"(8절)

> "그들은 아버지의 것이었는데 내게 주셨으며 그들은 아버지의 말씀을 지키었나이다"(6절 하)

이 기도의 내용에는 하나님을 영화롭게 하는 **'제자의 삶'** 이 어떤 것인지 잘 나타나 있습니다.

첫째, 제자는 하나님의 말씀을 받는 자입니다. "나는 아버지께서 내게 주신 말씀들을 그들에게 주었사오며 그들은 이것을 받고."

하나님의 말씀이라면 전적으로 수용하고 받아들이는 자가 주님의 제자입니다. 하나님으로부터 온 말씀을 의심하고 받아들이지도 못하면서 그것을 증거할 수는 없기 때문입니다.

둘째, 제자는 하나님의 말씀을 아는 자입니다. "내가 아버지께로부터 나온 줄을 참으로 아오며."

말씀을 받아들이는 것에서 끝나면 안 됩니다. 말씀을 받았다면 그 말씀을 깨달아 아는 자가 되어야 합니다. 결국 우리는 **'예수님의 말씀'** 을 통해 **'하나님의 뜻'** 을 아는 자리에까지 나아가야 합니다.

셋째, 제자는 하나님께서 예수님을 보내셨음을 믿는 자입니다. "아버지께서 나를 보내신 줄도 믿었사옵나이다."

예수님이 하나님으로부터 왔고, 하나님께서 예수 그리스도를 이 땅에 보내셨다는 사실을 믿는 자가 참 제자입니다. 이것은 절대 양보할 수 없는 구원의 진리입니다. 이 섭리를 믿는 자만이 증거할 수 있습니다. 그러므로 우리는 예수님을 통해 이루신 하나님의 모든 섭리를 믿고 받아들임으로써 하나님을 영화롭게 하는 자가 되어야 합니다.

넷째, 제자는 하나님의 말씀을 지키는 자입니다. "그들은 아버지의 것이었는데 내게 주셨으며 그들은 아버지의 말씀을 지키었나이다."

믿고 깨달았으면 행하는 순종이 있어야 합니다. 아무리 말씀을 깊이 깨달았다고 해도 삶으로 지켜지지 않는 말씀은 무용지물입니다. 예수님의 제자들을 보십시오. 그들이 예수님의 말씀을 진실로 깨닫게 되었을 때 어떤 삶을 살았습니까? 자신의 모든 것을 내려놓고 오직 주님을 위하여 온갖 시련과 고난을 묵묵히 감내하며 주님의 사역을 이뤄가지 않았습니까? 심지어 그들은 주님의 말씀을 지키기 위해 순교의 길까지 마다하지 않았습니다.

참고 사항

이처럼 우리가 진정으로 제자 된 삶을 살아가기 위해서는 하나님의 뜻 앞에 모든 것을 내려놓을 수 있어야 합니다. 그것이 아무리 뼈아픈 결단을 요구한다 할지라도 기꺼이 순종할 수 있을 때, 그 삶을 통해 하나님께서 영광을 받으시게 될 것입니다.

이렇게 하나님의 영광을 위하여 자신의 모든 것을 내려놓는 순간, 우리는 그것이 결코 끝이 아님을 알게 될 것입니다. 하나님을 영화롭게 하기 위해 자신의 모든 것을 포기했던 예수님을 하나님께서 다시금 영광스러운 자리에 올려놓으신 것처럼, 여러분 또한 높고 영광스러운 자리에 앉게 될 것입니다. 그 하늘의 소망과 상급을 바라보며 끝까지 기쁨으로 주님의 사역을 감당하는 자가 됩시다.

토의 사항

주님처럼 자신의 모든 것을 포기하고, 오직 하나님의 영광만을 구하는 삶을 사시기로 결단하시겠습니까? 만약 어렵다면 어떤 점이 어려운지 함께 나눠 봅시다.

7과

오직 하나님께 속한 사역자

(요 17:9-26)

7과

오직 하나님께 속한 사역자

(요 17:9-26)

주님께서는 이 땅을 살아가시면서 단 한 번도 세상에서의 성공과 안위를 위해 기도하신 적이 없습니다. 다만 하나님을 영화롭게 하기 위한 기도만을 드렸을 뿐입니다. 그렇게 하나님의 영광을 위하여 자신의 모든 것을 내어놓으셨던 주님께서 이제 눈을 돌려 제자들을 위한 기도를 드리십니다. 그러나 예수님의 기도의 지평은 제자들에게만 머물지 않습니다.

제자들을 통하여 구원의 길에 서게 될 그리스도인들과, 세상에서 하나님을 알지 못해 방황하는 모든 이들을 위해서까지 중보의 기도를 드리십니다. 이와 함께 모든 기도를 마무리지으면서 당신께서 오르게 될 그 영광의 자리에 모든 그리스도인들이 함께 설 수 있게 해달라고 간구하십니다. 너무나 크고도 깊은 주님의 사랑이 아닐 수 없습니다.

1. 하나님께 속한 사역자

우리가 한 사람을 얼마나 사랑하고 있는지 알 수 있는 방법은 그를 위해 얼마나 기도하고 있는가를 살펴보면 됩니다. 사랑하지 않고서는 진심으로 그 사람을 위해 기도할 수 없기 때문입니다. 죽음을 목전에 둔 상황, 하나님이 정하신 때가 코앞까지 다가온 순간에 주님이 무엇을 택한 줄 아십니까? 바로 **'제자들을 위한 기도'** 였습니다.

"내가 그들을 위하여 비옵나니 내가 비옵는 것은 세상을 위함이 아니요 내게 주신 자들을 위함이니이다 그들은 아버지의 것이로소이다"(9절)

주님께서 당신의 제자들을 얼마나 사랑했는지 알 수 있는 대목입니다. 주님께서는 자신이 떠난 후 제자들이 당하게 될 수많은 핍박과 환난을 이미 알고 계셨습니다. 그러니 그 기도가 얼마나 간절하고 애틋했겠습니까? 아직까지 주님의 뜻을 온전히 분별할 줄 모르고 있지만 그래도 그들은 주님께서 생명보다 더 사랑하던 자들이었습니다.

또한 그들은 하나님께 속한 자들-"그들은 아버지의 것이로소이다"-이었고, 앞으로 성령의 역사를 통해 예수 그리스도를 영화롭게 할 자들이었습니다(10절).

이러한 예수님의 모습을 본받아 우리도 어느 순간, 어떤 환경에서든지 자신에게 맡겨진 영혼들을 위하여 헌신적으로 무릎 꿇을 수 있어야 합니다. 바로 당신의 기도를 통하여 그들 또한 하나님의 이름을 영화롭게 하는 자들이 될 것이기 때문입니다.

"내 것은 다 아버지의 것이요 아버지의 것은 내 것이온데 내가 그들로 말미암아 영광을 받았나이다"(10절)

주님께서는 **"내가 그들로 말미암아 영광을 받았나이다"**라고 기도를 드립니다. 그러나 그것이 사실입니까? 아닙니다. 현실은 주님의 말씀과 정반대입니다. 저들은 아직까지 주님을 온전히 알고 있지 못할 뿐더러 주님께서 정권을 잡으실 때 더 높은 자리에 앉기만을 바라는 어리석은 자들입니다. 그래서 주님께서는 바로 조금 전에 요한복음 16장 32절 말씀을 통하여 **"보라 너희가 다 각각 제 곳으로 흩어지고 나를 혼자 둘 때가 오나니 벌써 왔도다"**라고 말씀하신 것입니다.

그런데도 어떻게 주님께서는 **"내가 저희로 말미암아 영광을 받았나이다"**라고 기도하셨을까요? 그 이유는 하나님께서 이루실 역사를 끝까지 신뢰했기 때문입니다. 하나님을 향한 끝없는 신뢰와 사랑, 그 신뢰와 사랑을 가지고 제자들을 끝까지 품게 될 때 반드시 제자들이 새 생명을 얻고 하나님의 영광을 나타낼 것을 보신 것입니다. 결국 주님의 믿음은 헛되지 않았습니다. 제자들은 마침내 세계를 변화시키는, 그리하여 하나님의 영광을 높이 드러내는 위대한 사도들이 되었기 때문입니다.

그러한 사랑의 마음을 가지고 주님께서는 하나님을 향해 제자들을 위한 마지막 중보 기도를 드리십니다.

첫째, 제자들을 지켜달라고 간구하십니다. "아버지의 이름으로 그들을 보전하사"(11절 중).

이름이란 소유를 의미합니다. 우리가 책 한 권을 사더라도 먼저 자기 이름을 써놓음으로 그 책이 자신의 소유라고 규정합니다. 이렇듯 **"아버지의 이름으로 그들을 지켜달라"**는 말은 제자들이 아버지의 소유로 살게 해달라는 말입니다. 왜 이런 간구를 하십니까? 그 이유는 앞으로 제자들이 당하게 될 고난을 아셨기 때문입니다. 이러한 예수님의 중보 기도를 통해 제자들을 비롯한 우리 모두의 삶은 **'하나님께 속한 것'** 이 되었습니다.

둘째, 제자들이 하나 되게 해달라고 간구하십니다. "우리와 같이 그들도 하나가 되게 하옵소서"(11절 하).

여기서 '우리' 란 성부, 성자, 성령의 **'삼위일체 되신 하나님'** 을 말합니다. 때문에 제자들의 하나 됨의 근거는 삼위일체이신 하나님 안에 있습니다. 그렇다면 하나가 되기 위해 제일 필요한 것이 무엇입니까? 그것은 바로 **'희생'** 입니다. 예수님께서 **"내 뜻대로 마옵시고, 아버지의 뜻대로 하옵소서"**라고 고백하며 하나님의 뜻 앞에 자신을 철저히 희생함으로 하나님과 하나가 되었듯, '희생' 은 하나가 되기 위해 반드시 필요한 요소입니다.

따라서 하나가 되기 위해서는 참으로 많은 포기와 헌신을 필요로 합니다. 때로는 예수님처럼 자신의 생명을 내어놓는 결단을 요구받기도

합니다. 그럼에도 불구하고 우리가 하나 되어야 하는 이유는 바로 **'하나 됨'** 이 성령을 통해 세워질 **'하나님의 교회의 근간'** 이기 때문입니다.

셋째, 내 기쁨을 저희 안에 충만케 해달라고 간구하십니다. "그들로 내 기쁨을 그들 안에 충만히 가지게 하려 함이니이다"(13절 하).

주님은 자신 안에 있는 기쁨을 제자들이 갖길 원하셨습니다. 그렇다면 주님 안에 있는 기쁨은 어떤 것입니까? 그것은 세상이 주는 소유나 명예에서 오는 기쁨이 아닙니다. 그것은 오직 하나님과의 관계에서 얻어지는 **'의로운 기쁨'** 이요, **'진리와 함께하는 기쁨'** 입니다. 그렇기 때문에 주님께서는 십자가의 길을 바로 눈앞에 두고서도 **"내 기쁨을 그들 안에 충만히 가지게 하려 함이니이다"**라고 고백할 수 있는 것입니다. 바로 이 기쁨을 이 땅의 모든 그리스도인들이 소유하게 되기를 주님께서는 간절히 바라고 계십니다.

넷째, 악에 빠지지 않기를 간구하십니다. "내가 비옵는 것은 그들을 세상에서 데려가시기를 위함이 아니요 다만 악에 빠지지 않게 보전하시기를 위함이니이다"(15절).

이 기도 속에는 제자들이 현실 속에서 적극적으로 악을 이겨 나가길 바라시는 예수님의 염원이 담겨져 있습니다. 악한 영들과의 싸움 자체를 피할 수 없는 이유는 그들과의 싸움 없이 이 땅에 하나님 나라를 세울 수 없기 때문입니다. 악과 싸우면서도 악에 빠지지 않는 길은 오직 하나님의 능력을 의지하는 길밖에 없습니다. 그래서 이 땅의 모든 선한 싸움 가운데 하나님이 도우실 것을 예수님께서 간구하신 것입니다.

다섯째, 제자들이 거룩하게 해달라고 간구하십니다. "그들을 진리로 거룩하게 하옵소서 아버지의 말씀은 진리니이다"(17절).

'거룩' 이란 구별되는 것을 말합니다. 주님께서는 제자들이 하나님 앞에 구별되기를 원하셨습니다. 그렇다면 그 거룩의 근거가 무엇입니까? 바로 **'진리'** 입니다. 그 진리는 하나님의 말씀으로 드러납니다. 그러므로 우리 사역자들이 거룩한 자가 되기 위해서는 진리 되신 하나님의 말씀 안에서 항상 자신을 점검해야 합니다. 그때 우리의 삶을 통해 하나님의 영광이 드러나게 될 것입니다.

2. 세상을 구원하는 사역자

"내가 비옵는 것은 이 사람들만 위함이 아니요 또 그들의 말로 말미암아 나를 믿는 사람들도 위함이니 아버지여, 아버지께서 내 안에, 내가 아버지 안에 있는 것같이 그들도 다 하나가 되어 우리 안에 있게 하사 세상으로 아버지께서 나를 보내신 것을 믿게 하옵소서"(20-21절)

여기서 **"이 사람들"**이란 '주님의 제자' 들을 일컫는 것이요, **"그들의 말로 말미암아 나를 믿는 사람들"**이라 함은 예수 그리스도를 내 삶의 구주로 믿고 따르는 '그리스도인' 들을 말하는 것입니다. 또한 **"세상"**이란 '아직 하나님을 알지 못하는 자들' 을 의미하고 있습니다. 따라서 이 기도문의 요지는 **'세상' (믿지 않는 자)**에 있는 자들이 **'사역자' (믿는 자)**들을 통하여 하나님의 백성이 되게 해달라는 것입니다. 그래서 주님은 다음과 같이 말씀하십니다.

"내게 주신 영광을 내가 그들에게 주었사오니 이는 우리가 하나가 된 것같이 그들도 하나가 되게 하려 함이니이다"(22절)

이 말씀이 무슨 의미입니까? 삼위일체 되신 하나님께서 '사랑과 의로 하나를 이루신 것' 처럼 이 땅의 그리스도인들이 사랑으로 하나 된 공동체를 이루어 세상을 구원하라는 것입니다. 그러한 주님의 마음이 23절에 매우 구체적으로 나타나 있습니다.

"곧 내가 그들 안에 있고 아버지께서 내 안에 계시어 그들로 온전함을 이루어 하나가 되게 하려 함은 아버지께서 나를 보내신 것과 또 나를 사랑하심같이 그들도 사랑하신 것을 세상으로 알게 하려 함이로소이다"(23절)

예수님께서 제자들 안에 계시고, 하나님께서 예수님 안에 계심으로 하나님 안에서 온전히 하나가 되게 한 이유는, 하나님께서 예수님을 사랑하신 것같이 그의 제자들도 사랑하신다는 사실을 세상 사람들에게 알게 하기 위함입니다. 즉 '하나님의 사랑으로 가득한 공동체'를 이루어 '세상에 주님의 사랑을 전하라'는 말씀입니다. 하늘나라 공동체를 통하여 하나님의 사랑을 먼저 깨달았다면, 이제 그 사랑의 증표를 가지고 세상을 구원해 가야 합니다. 그것이 우리에게 사랑을 베푸신 하나님의 뜻이기 때문입니다. 이 세상을 변화시킬 힘은 오직 **'사랑'** 밖에 없습니다. 주님의 말씀을 따라 하나님으로부터 받은 사랑을 가지고 세상을 변화시켜 나갈 때, 우리의 모든 사역을 통하여 하나님께서 영광을 받게 될 것입니다.

3. 사역자에게 약속된 하나님의 영광

주님께서는 제자들을 향한 고별사와 기도를 모두 마무리지으시며 다음과 같은 간구를 하나님께 올립니다.

> "아버지여 내게 주신 자도 나 있는 곳에 나와 함께 있어 아버지께서 창세전부터 나를 사랑하시므로 내게 주신 나의 영광을 그들로 보게 하시기를 원하옵나이다"(24절)

하나님께서 주님을 창세전부터 사랑하사 주님께 주신 영광을 **'내게 주신 자'**, 즉 제자들과 우리 그리스도인들 모두에게 주어 그 영광의 자리에 주님과 함께 있게 해 달라고 간구하십니다. 그 영광은 바로 **'하나님의 영광'** 입니다. 너무나 감격스럽고 영광스러운 말씀이 아닐 수 없습니다.

눈을 들어 세상을 보십시오. 이 세상은 이미 죄로 말미암아 죽음과 절망으로 가득 찬 곳이 되었습니다. 그 죽음과 절망의 세력을 꺾기 위해 예수님께서 이 땅에 오셨고, 예수님의 십자가와 부활의 역사를 통하여 절망과 죽음의 세력들은 이미 산산조각이 났습니다. 그러나 세상 사람들은 아직도 그 진리를 모르고 있습니다. 그래서 죄와 죽음의 종이 되어 살아가고 있습니다.

그렇다면 이제 예수님의 사역을 대신할 자가 누구입니까? 바로 이 땅의 교회 된 여러분입니다. 이제 세상의 모든 악한 세력들을 하나 된 교회의 힘으로 이겨 나갑시다. 그 싸움을 끝까지 싸워간 사역자들에게는 하나님의 약속된 영광이 기다리고 있습니다. 그 영광을 잘 알고 있었던 바울은 자신의 삶의 목표에 대해 다음과 같이 말합니다.

> "푯대를 향하여 그리스도 예수 안에서 하나님이 위에서 부르신 부름의 상을 위하여 달려가노라"(빌 3:14)

세상 사람들은 **'세상의 상급'** 을 좇아 살아갑니다. 그래서 물질을 모으고, 명예를 쌓고, 쾌락을 좇아갑니다. 그렇게 세상의 것을 더 많이 소유하게 되면 진정한 기쁨이 기다리고 있을 것이라고 믿습니다. 그러나 그 모든 상급은 무덤과 함께 사라지는 한 줌의 재일 뿐입니다. 그러하기에 **'하늘의 상급을 좇는 삶'** 만이 의미 있는 것입니다. 그것이 세상 사람들에게는 미련해 보일지 모르나 결국에는 찬란한 영광으로 다가올 것입니다.

잊지 마십시오. 우리에겐 죽음 너머에 주님과 영원히 함께할 세계가 있습니다. 그러므로 죽은 후에 주님과 함께할 수 없는 자라면 그가 세상에서 아무리 성공했다 할지라도 실패자일 뿐이며, 엄청난 세상의 상급을 쌓았다고 해도 쓸모없는 것입니다. 영원한 것을 얻기 위해 영원하지 않는 것을 포기하는 것은 지극히 당연한 일입니다. 그래서 바울은 빌립보서 1장 21절에 다음과 같이 고백합니다.

"이는 내게 사는 것이 그리스도니 죽는 것도 유익함이라"(빌 1:21)

그리스도와 함께 살고 그리스도를 위하여 죽는 삶, 그것이 우리에게 진정한 기쁨이며 영광입니다. 왜냐하면 하나님의 나라를 세우기 위하여 자신의 생명을 다한 자들에게는 하나님의 영광이 이미 약속되어 있기 때문입니다.

하늘나라 사역자들이여! 이제 하나님께 속한 자가 되어 세상을 향해 나아갑시다. 세상에서 갈 길 몰라 방황하는 수많은 영혼들을 그리스도의 복음으로 새롭게 하는 역사가 당신으로부터 시작되기 원합니다.

"붉고 붉은 그리스도의 피로 인하여 푸르고 푸른 그리스도의 계절이 돌아오게 하라!"

당신의 눈물, 당신의 땀방울이 이 역사를 가능케 할 것입니다. 그러한 사역을 위해 당하는 고난이라면 기꺼이 당하십시오. 그 고난은 영

참고 사항

원한 하늘나라의 상급이 되어 쌓이게 될 것입니다. 그리하여 마지막 날에 창세전에 있었던 주님의 영광에 함께 참예하여 기뻐합시다. 그것이 이 땅에 주님이 피를 뿌린 이유이고, 목적입니다.

이제 세상을 변화시키는 일은 당신의 몫입니다. 주님이 당신을 부르십니다. 이제 그 부르심에 응답하는 삶이 되기를 원합니다.

토의 사항

당신은 구원의 역사에 동참한 자들에게 허락된 하나님의 영광을 진심으로 믿고 사십니까? 만약 그러한 삶을 살지 못했다면 이 시간 구체적으로 어떠한 결단을 내리기 원하십니까?

8과

진리의 길을 걷는 자가 되라

(요 18:1-40)

8과

진리의 길을 걷는 자가 되라

(요 18:1-40)

십자가의 길, 그것은 주님께서 이 땅 위에 오신 가장 중요한 목적이었습니다. 그 목적을 이루기 위하여 드디어 주님께서 겟세마네 동산을 향하여 발걸음을 옮기십니다. 그 목적을 이루기 위해 말로 다 못할 수치와 고난이 기다리고 있었지만, 그 길만이 하나님의 뜻을 이룰 수 있는 진리의 길이기에 기꺼이 순종하십니다. 본문에 나타난 삶을 통하여 주님께서는 우리를 향해 **"진리의 길을 걷는 자가 되라!"** 고 말씀하십니다.

1. 순종의 길

운동 경기 중 가장 성경적인 요소가 많이 포함되어 있는 경기를 꼽자면 야구를 들 수 있습니다. 우선, 야구 경기의 모든 것은 감독의 사인으로부터 시작됩니다. 그래서 1루에 나가 있는 선수는 오직 감독의 얼굴만 쳐다봅니다. 만약 이때 감독이 도루 사인을 내면, 자기 생각과 판단을 중지하고 있는 힘을 다해 뛰어야 합니다. 때문에 야구 경기에 있어 가장 중요한 요소는 **'순종'** 입니다.

또 하나, 야구에는 **'희생'** 이라는 개념이 있습니다. 그래서 **'희생 번트'** 나 **'희생 플라이'** 를 통해 내가 죽고 상대방을 살리는 일을 합니다. 그렇게 해서 전체를 살리는 것이 야구입니다. 그러므로 누가 훌륭한 야구 선수입니까? 희생 번트 하라고 할 때 희생 번트 할 줄 알고, 달리라고 하면 달릴 줄 알며, 서라고 할 때 설 줄 아는 선수가 훌륭한 선수입니다. 이렇게 자기에게 맡겨진 사명을 잘 감당하고, 사인 받은 대로 순종할 자세가 되어 있다면 훌륭한 선수라 할 수 있습니다.

이와 같이 성도에게도 야구 선수처럼 하나님이 각자에게 주신 사인, 즉 사명이 있습니다. 본문에서는 그 사명을 **'아버지께서 내게 주신 잔'** 이라고 묘사하고 있습니다.

"아버지께서 주신 잔을 내가 마시지 아니하겠느냐 하시니라"(11절)

하나님께서 보내신 사인에 기꺼이 순종하겠다는 예수님의 선언입니다. 그 사인이 어떤 사인입니까? **'죽으라'** 는 사인입니다. 십자가를 지라는 것입니다. 이러한 하나님의 사인 앞에 예수님도 두려웠습니다. 그랬기 때문에 겟세마네 동산에서 한 번도 아닌 세 번씩이나 땀방울이 핏방울로 변할 만큼 간절하게 기도하셨습니다. 그리고 그것도 모자라 자신의 제자들에게 함께 기도해 줄 것을 애타는 심정으로 요구하셨습니다(마 26:36-46).

그 기도 내용이 **"아빠 아버지여 아버지께는 모든 것이 가능하오니 이 잔을 내게서 옮기시옵소서"(막 14:36)**입니다. 무슨 뜻입니까? 두렵다는 것입니다. 무섭다는 얘깁니다. 도저히 자신의 힘으로는 당당히 그 길을 걸어갈 수 없다는 연약한 고백입니다. 그러나 예수님이 우리의 구주가 될 수 있는 이유는 그 기도의 마지막을 **"그러나 나의 원대로 마옵시고 아버지의 원대로 하옵소서"**라고 하나님의 뜻을 구함으로 마무리지었기 때문입니다.

바로 여기에 하나님이 주신 사명을 온전히 순종할 수 있는 방법이 있습니다. 오직 기도 외에는 다른 길이 없습니다. 주님조차도 기도 없이는 십자가의 사명을 끝까지 감당할 수 없었습니다. 예수님께서 겟세마네 동산에서 처음 기도드릴 때 그 내용이 무엇이었습니까? **'이 잔을 내게서 옮겨 달라'** 는 것이었습니다. 그러나 기도를 통해 하나님의 뜻을 구한 예수님께서 뭐라고 말씀하십니까? **"아버지께서 주신 잔을 내가 마시지 아니하겠느냐"**고 하십니다. 상황은 변하지 않았습니다. 십자가의 길은 여전히 주님 앞에 놓여 있는 사명의 길이었습니다. 그러나 기도 전에 그토록 초조하고 불안해하며 도저히 그 길을 갈 수 없을 것만 같아 고민하던 예수님께서 기도의 자리를 통해 당당히 십자가의 길을 향해 나아갑니다. 그러고는 **"하나님께서 주신 사명을 어찌 내가 감당하지 않을 수 있겠느냐"**고 외치십니다.

이러한 예수님의 모습을 통해 우리 사역자들도 하나님이 주신 사명에 철저하게 순종하기 위해서는 언제나 하나님을 향한 기도의 통로가 열려 있어야 함을 깨닫게 됩니다.

하나님께서 요나를 부르실 때 어떠한 존재로 부르셨습니까? 니느웨성 사람들을 변화시킬 하나님의 선지자, 즉 **'축복의 통로'**로 부르셨습니다. 그런데 그가 진리이신 하나님의 말씀을 거역하고 자신의 뜻대로 다시스로 내려갔을 때, 그는 오히려 **'재앙의 통로'**가 되어 버렸습니다. 요나 한 사람의 불순종으로 말미암아 주변 사람들 모두가 고통을 당하게 되고 죽음의 위기에 직면하게 된 것입니다. 그 고난의 현장 가

운데서 드디어 하나님의 뜻을 깨달은 요나가 순종의 바다로 뛰어 들어갔을 때, 하나님은 그를 곧바로 니느웨 성으로 보내지 않으셨습니다.

요나를 위해 물고기를 준비하시고 그 물고기 뱃속에서 3일 밤낮을 기도하게 하셨습니다. 바로 이 기도의 자리를 통하여 요나는 다시금 하나님의 사명을 감당하는 사역자로 서게 된 것입니다. 그 결과, 요나의 사역을 통해 니느웨 성 안에 놀라운 회개와 구원의 역사가 일어나게 되었습니다.

요나와 같이 우리도 이 세상을 하나님의 도성으로 변화시킬 축복의 통로로 세워진 자들입니다. 그러므로 하나님의 뜻에 순종하며 나아가면 하나님의 놀라운 역사가 펼쳐질 것임에도 불구하고, 많은 순간 우리는 자신의 뜻을 좇아가 버립니다. 그러나 그 길은 결국 우리에게 좌절과 실패만을 안겨줄 뿐입니다. 진정한 승리는 내 모든 뜻을 버리고 오직 하나님의 뜻을 따라갈 때 얻게 됩니다.

만약 부조리함을 따지려고 한다면 예수님의 십자가보다 더 부조리한 것이 어디 있습니까? 예수님이 십자가를 져야 할 이유가 단 하나라도 있었습니까? 그러나 예수님께서는 그것이 하나님의 뜻이었기에 기꺼이 죽으셨습니다. 예수님은 부조리를 따지기보다, 아버지께서 주신 잔이라면 그것이 어떤 것이든 기꺼이 마시는 **'순종'** 의 모습을 보이신 것입니다. 그때 온 인류를 구원하는 생명의 역사가 일어났습니다.

그러므로 우리의 사역 가운데 진정한 승리를 얻기 위해서는 자신에게 맡겨진 잔을 바꿔 달라고 떼쓸 게 아니라, 감사함으로 그 잔을 마시는 모습으로 변화되어야 합니다. 이런 사역자가 있는 교회가 진정으로 건강한 교회이며, 생명력 있는 교회입니다.

2. 불순종의 길

예수님은 이 땅에서 우리를 위해 많은 고통을 당하셨습니다. 그러나 그 모든 고통 중에 가장 큰 고통은 자신이 너무나도 사랑했던 수제자 베드로가 자기를 부인하는 모습을 바라보는 것이었습니다. 불과 몇 시간 전까지 다 주님을 버릴지라도 자신은 끝까지 주님을 따르겠다던 그였습니다. 만약 자신이 죽게 될지언정 주를 부인하지 않겠다던 베드로(마 26:33-35), 그 베드로가 예수님 자신을 향해 저주까지 퍼붓는 모습을 보며 예수님의 마음이 얼마나 아팠겠습니까?

예수님께서 많은 이들의 칭송과 존경을 받을 때, 베드로는 그분의 곁에 있는 것이 자랑스러웠습니다. 그런데 자신의 생각과는 달리 예수님께서 초라한 모습으로 군병들의 손에 끌려가는 것을 보며, 베드로는 자신이 예수님의 수제자였다는 사실 자체가 부담스럽게 다가오기 시작했습니다. 그래서 베드로는 주님께 드렸던 그 아름다운 고백과 예수님의 수제자라는 자랑스러운 자리를 뒤로하고 숨어버립니다.

어찌하여 베드로가 이토록 초라한 비공개적 그리스도인이 되었을까요? 성경은 그 이유에 대해 다음과 같이 말하고 있습니다.

첫째, 예수님과 멀리 떨어져 있었기 때문입니다. "베드로는 '문 밖에 서 있는지라' 대제사장을 아는 '그 다른 제자'가 나가서 문 지키는 여자에게 말하여 베드로를 데리고 들어오니"(16절).

우리의 삶 가운데 예수님을 부인하는 비공개적 그리스도인이 되는 이유는 그분으로부터 멀리 떨어져 있거나, 문 밖에 서 있기 때문입니다. 베드로는 죽는 데까지라도 예수님을 따라가겠다고 한 사람이었습니다.

그런데 지금 베드로가 어디 있습니까? 문 밖에 멀리 떨어져 있습니다. 여기서부터 베드로의 부인은 예고된 것이었습니다. 그는 예수님이 고난당하는 현장에 함께 가지 않았습니다. 멀찍이 떨어져서 자신에게 위협이 안 갈 정도로 거리를 유지하며 예수님을 뒤쫓아간 것입니다.

심지어 그는 예수님이 심문당하는 현장에도 제 발로 들어가지 않습니다. **'대제사장을 아는 그 다른 제자'** 의 손에 이끌려 억지로 들어가게 됩니다. 그러고는 바로 그 순간 문지기 여인에게 예수님을 향한 첫 번째 부인을 합니다. 그 옆에는 버젓이 **'다른 제자'** 가 서 있었고, 그토록 사랑했던 **'주님'** 도 바로 눈앞에 있었습니다. 이 얼마나 참담하고도 참담한 광경입니까? 이러한 베드로의 모습을 마태복음은 좀 더 분명히 전하고 있습니다.

"베드로가 멀찍이 예수를 따라"(마 26:58 상)

멀찍이 따라간다고 하는 것은 미온적인 태도를 말합니다. 결국 그러한 태도는 시험에 들게 되어 있습니다. 그러므로 우리가 하나님의 사역을 감당하는 자로 세움을 입었다면 예수님을 믿고 따라갈 때 적극적으로 나아가야 합니다. 심지어 생명까지도 내놓고 따르는 믿음의 결단이 있어야 한다는 말입니다. 그러한 열정을 가지고 주님을 따라갈 때, 우리는 끝까지 그리스도인으로서의 정체성을 잃어버리지 않을 수 있습니다.

둘째, 자신을 의지했기 때문입니다.

죽음을 각오한 순종의 능력이 과연 어디서 나오는 것입니까? 내 결심으로 됩니까? 내 의지대로 할 수 있습니까? 아닙니다. 그것은 결코 우리의 힘으로 할 수 없는 일입니다. 그래서 예수님도 십자가의 길을 앞에 두고 그처럼 간절하게 기도했던 것입니다. 세상의 핍박 앞에 당당해질 수 있는 능력은 오직 하나님께로부터 오는 것입니다. 그러나 **베드로는 자신을 의지했습니다. 그래서 자신이 감당하기 힘든 시련이 왔을 때 주저앉아 버린 것입니다.** 그 증거가 마태복음 26장 33절에 잘 나타나 있습니다.

"베드로가 대답하여 이르되 모두 주를 버릴지라도 나는 결코 버리

지 않겠나이다"(마 26:33)

이 말 가운데 무엇이 강조되어 있습니까? 내가 강조되어 있습니다. "다른 사람들은 주를 버릴지 모르나 **'나'** 는 절대로 주님을 부인하거나 버리는 일이 없을 것"이라고 외치고 있습니다. '나' 를 강조하니까 넘어지고 실패하는 것입니다. 사역자는 이러한 모습을 항상 경계해야 합니다.

사역을 하다 보면 그 모든 일을 자신이 이룬 것처럼 느껴질 때가 있습니다. 그래서 결정적인 순간에 주님보다는 '나' 를 드러내고 싶은 유혹에 빠집니다. 그러다 어느 순간에 이르러서는 모든 일을 내 힘으로 감당할 수 있는 것처럼 여기게 됩니다. 그러나 주님보다 나를 앞세우게 될 때, **'내'** 가 위협받는 상황이 되면 언제든 주님을 버리고 도망가 버리게 됩니다. 그러므로 우리는 사역을 감당함에 있어 항상 시험에 빠지지 않도록 주님의 뜻을 구해야 합니다. 참고 성경 구절

※ **참고 성경 구절** – "만일 누가 말하려면 하나님의 말씀을 하는 것같이 하고 누가 봉사하려면 하나님의 공급하시는 힘으로 하는 것같이 하라"(벧전 4:11 상)

셋째, 주님을 진정으로 사랑하지 않았기 때문입니다.

사랑이 부족하니까 예수님을 부인하게 되는 것입니다. 요한복음 15장 13절에 보면 "사람이 친구를 위하여 자기 목숨을 버리면 이에서 더 큰 사랑이 없나니"라고 주님께서 말씀하셨습니다. 바로 베드로가 고백했던 사랑도 이러한 사랑이었습니다.

"베드로가 이르되 주여 내가 지금은 어찌하여 따라갈 수 없나이까 주를 위하여 내 목숨을 버리겠나이다"(요 13:37)

그러나 그 고백을 지켰습니까? 그렇지 못했습니다. 아니, 그 고백을 지키지 못했을 뿐 아니라 주님을 저주하며 욕하기까지 했습니다. 왜입니까? 베드로의 그 모든 고백이 입으로만 드린 고백이었기 때문입니다. 진정한 사랑은 오히려 상대방이 어려움과 고난을 당할 때 더 함께하고 싶어 합니다.

그러나 베드로는 아직까지 그런 사랑의 깊이를 가지고 있지 못했습니다. 그 사실을 어떻게 알 수 있습니까? 예수님께서 십자가의 길을 예고하실 때조차 그는 말씀에 귀 기울이기보다 예수님이 영광 받으실 때 누가 높은 자리에 앉을 것인가를 놓고 쟁론만을 일삼았기 때문입니다(마 9:34, 10:41). 아직까지 베드로에게 예수님의 존재는 자신의 세상적인 성공을 이루기 위한 수단에 불과했던 것입니다. 따라서 그의 사랑은 **'수단으로서의 사랑'** 이었습니다. 그렇기 때문에 자신의 목숨이 위협받는 자리에서 쉽게 예수님을 향한 사랑을 포기해 버린 것입니다.

베드로의 모습을 통해 사역자 된 우리가 어떠한 삶의 자세를 갖고 살아야 하는지 알 수 있습니다. 예수님을 **'멀찍이'** 좇는 것이 아니라 **'가까이'** 에서, **'나'** 를 의지하는 것이 아니라 **'주님'** 을, 무엇보다 주님을 **'수단'** 으로서 사랑하는 것이 아니라 **'목적'** 으로서 사랑해야 합니다. 그것이 바로 불순종의 자리에서 순종의 자리로 나아가는 길입니다.

3. 진리의 길

예수님께서는 붙잡힘을 당하고 먼저 안나스에게로 끌려갑니다. 당시 대제사장이었던 가야바보다 안나스에게로 예수님을 끌고 갔다는 것은 그만큼 안나스가 당시 유대 사회의 실세였다는 것을 의미합니다. 그 흔적을 **"그 해의 대제사장인 가야바"**라는 문구에서 찾을 수 있습니다. 원래 종신직이었던 대제사장직을 안나스는 로마와 결탁하여 1년마다 재임명하는 제도로 바꾸었습니다.

그리하여 로마는 안나스에게 온갖 혜택을 주고 유대인의 사회를 조종했고, 안나스는 그러한 로마의 권력을 등에 업고 자신의 자식들과 친인척들을 대제사장에 임명했습니다. 그러니까 외부적으로는 가야바가 종교 지도자인 것 같으나, 그 모든 실세는 여전히 안나스가 갖고 있었던 것입니다. 이처럼 안나스는 유대 사회의 정신적인 종교 지도자요 대표자였습니다.

이러한 권력자 안나스 앞에 끌려간 예수님께서 심문을 받으십니다. 그런데 이들의 심문에 대한 예수님의 대답이 너무나 놀랍습니다.

> "예수께서 대답하시되 내가 드러내 놓고 세상에 말하였노라 모든 유대인들이 모이는 회당과 성전에서 항상 가르쳤고 은밀하게는 아무것도 말하지 아니하였거늘 어찌하여 내게 묻느냐 내가 무슨 말을 하였는지 들은 자들에게 물어 보라 그들이 내가 하던 말을 아느니라" (20-21절)

예수님께서는 당당하고도 분명한 어조로 자신의 모든 사역이 결코 하나님과 사람들 앞에 부끄럽지 않은 것이었음을 말씀하십니다. 예수님의 태도가 어찌나 당당했던지 예수님의 곁에 있던 하속이 예수님의 뺨을 치면서 '감히 실세이신 안나스 대제사장 앞에서 그게 무슨 말버릇이냐' 라고 나무랄 정도였습니다(22절).

사람들의 생명을 좌지우지할 수 있을 만큼 강력한 권세를 가지고 있던 대제사장 안나스, 그는 세상이 보기에는 높은 자였고 세도가였습니다. 그러나 하나님의 나라를 품고 있는 예수님에게 그는 지극히 미미하고 초라한 존재일 뿐이었습니다.

우리 사역자들도 세상을 향해 이러한 자세를 가져야 합니다. 세상의 권세가 아무리 크고 강대해 보일지라도 하나님 앞에서는 아무것도 아닙니다. 그렇기 때문에 세상을 향해 담대히 나아가 당당히 진리를 선포할 수 있어야 합니다. 예수님은 결코 숨어 다니면서 하나님 나라의 진리를 선포하지 않으셨습니다. 모든 사람에게 드러내 놓고 거침없이 하나님 나라의 말씀을 전하셨습니다. 그렇다면 그 말씀이 전하기 쉬운 말씀이었습니까? 아닙니다. 당시 세상의 권력자들의 가치관에 정면으로 대항하는, 생명의 위협을 받을 수밖에 없는 메시지였습니다.

그러나 예수님은 그러한 위협을 결코 두려워하지 않으셨습니다. 오히려 하나님의 진리라면 거룩한 분노를 일으켜서라도 성전을 정화(마 21:13)하는 모습까지 보이셨습니다. 그러한 예수님을 본받아 우리 사역자들도 죽으면 죽으리라는 각오를 가지고 이 땅에 하나님의 진리를 선포해야 합니다. 진정한 진리는 목숨을 걸고 선포할 각오를 갖지 않으면 절대로 전할 수 없기 때문입니다.

예수님이 이처럼 당당하게 하나님의 진리를 선포하니까 안나스 대제사장이 감당하지 못합니다. 그래서 더 이상 심문하지 않고 예수님을 가야바 대제사장에게로 보내 버립니다. 그 자리를 회피해 버린 것입니다.

> "예수께서 대답하시되 내가 말을 잘못하였으면 그 잘못한 것을 증언하라 바른말을 하였으면 네가 어찌하여 나를 치느냐 하시더라 안나스가 예수를 결박한 그대로 대제사장 가야바에게 보내니라"(23-24절)

가야바를 거쳐 드디어 예수님께서 빌라도 앞에 끌려 오셨습니다. 원래 유대인의 종교법으로 예수님을 판결할 수 있었으나, 당시 로마의 지배를 받고 있던 유대인들에게는 사형권이 없었기 때문에 기어코 예수님을 죽이고자 빌라도에게까지 끌고 온 것입니다. 참고 성경 구절

※ **참고 성경 구절** – "빌라도가 이르되 너희가 그를 데려다가 너희 법대로 재판하라 유대인들이 이르되 우리에게는 사람을 죽이는 권한이 없나이다 하니"(31절)

그런 상황에서 빌라도는 예수님의 죄를 알아내기 위해 다음과 같이 질문합니다.

"네가 무엇을 하였느냐"(35절 하)

이 질문의 의미는 네가 도대체 무엇을 하였기에 유대인들이 모두 널 죽이려고 하느냐는 것입니다. 빌라도의 질문에 주님은 다음과 같이 대답하십니다.

"예수께서 대답하시되 내 나라는 이 세상에 속한 것이 아니니라 만일 내 나라가 이 세상에 속한 것이었더라면 내 종들이 싸워 나로 유대인들에게 넘겨지지 않게 하였으리라 이제 내 나라는 여기에 속한 것이 아니니라"(36절)

이 말은 주님께서 세상 권력을 위해서가 아니라 하나님 나라의 진리를 사수하기 위해 살았고, 또한 그것을 지키기 위해 이 자리에 스스로 오신 것이라는 뜻입니다. 37절 말씀을 보면 예수님의 그런 모습이 더욱 구체적으로 전개됩니다.

"빌라도가 이르되 그러면 네가 왕이 아니냐 예수께서 대답하시되 네 말과 같이 내가 왕이니라 내가 이를 위하여 태어났으며 이를 위하여 세상에 왔나니 곧 진리에 대하여 증언하려 함이로라 무릇 진리에 속한 자는 내 음성을 듣느니라 하신대"(37절)

예수님께서는 진리를 위하여 이 땅에 오셔서 그 진리를 삶으로 증거하셨습니다. 그분은 어떠한 경우에도, 바로 지금처럼 죽음을 직면한 자리에서도 하나님의 진리를 양보하지 않으셨습니다.

"빌라도가 이르되 진리가 무엇이냐 하더라"(38절 상)

여기서 예수님과 빌라도의 전혀 다른 관점을 보게 됩니다. 빌라도는 정치가요 군인으로서 소위 로마 철학에 젖어 있는 사람입니다. 로마 철학은 강자 철학으로 강한 자가 진리요, 승자며, 의인입니다. 이러한 생각에 젖어 있는 빌라도에게 초라한 모습의 33살 갈릴리 청년이 어떻게 보였겠습니까? 그래서 빌라도는 이런 모습에 진리가 어디 있느냐고 되물을 수밖에 없었던 것입니다. 다시 말해 십자가에서 죽게 된 약자의 모습으로 무슨 진리를 논하느냐는 것입니다. 세상적인 관점에서 보면 그것이 맞는 말입니다.

그러나 진리란 결코 수에 의해서나, 권세에 의해서, 또는 정치적 능력에 의해서 결정되지 않습니다. **'세상의 논리'** 가 아니라 **'하나님의 뜻'** 이 진리인 것입니다. 그렇다면 '하나님의 뜻' 이 무엇입니까? 그것은 예수 그리스도의 십자가 보혈을 통하여 인간의 죄를 사하는 것입니다. 그리고 부활의 영광을 통하여 구원의 역사를 완성하는 것입니다.

이것은 세상의 관점에서 보면 이해할 수 없는 논리며 방식입니다. 그래서 예수님은 진리에 속한 자만이 내 소리를 듣고 진리를 깨달을 수 있다고 말씀하신 것입니다. 따라서 세상적인 가치관에 젖어 있던 빌라도는 이러한 예수님의 말씀을 전혀 이해할 수가 없었습니다.

세상에서 우리의 삶을 다하고 하나님 앞에 섰을 때, 하나님께서 빌라도와 똑같은 질문을 우리에게 물으실 것입니다. **"네가 이 땅에서 무엇을 하였느냐?"** 그때 당당히 **"내 모든 삶은 주님의 진리를 행하는 삶이었습니다"라**고 말할 수 있는 사역자가 됩시다.

참고 사항

토의 사항

하나님의 진리를 지키기 위해 주님은 자신의 모든 것을 내려놓으셨습니다. 그렇다면 당신은 주님의 길을 따르는 사역자로서 그러한 삶의 결단이 있습니까?

9과

목적이 이끄는 삶

(요 19:1-42)

9과

목적이 이끄는 삶

(요 19:1-42)

빌라도는 유대인들의 요구대로 예수님을 십자가에 못 박아 죽일 만한 아무런 죄도 찾지 못합니다. 그래서 그는 한 가지 제안을 합니다. 그 내용인즉, 예수를 그냥 무죄로 석방하지 말고 범죄자로 선고를 내리고서 유월절 전례에 따라 사면해서 놓아주자는 것(요 18:38-40)입니다. 그렇게 되면 유대인들의 욕구도 어느 정도 들어주고, 무죄한 예수에 대해 공의를 집행해야 하는 자신의 책임도 어느 정도 완수할 수 있기 때문입니다.

그러나 이러한 빌라도의 제안은 '바라바'를 외치는 군중들에 의해 거절됩니다. 이미 그 정도의 판결에 만족할 만한 상황이 아니었던 것입니다. 그래서 빌라도는 좀 더 강력한 카드를 꺼냅니다. 그래서 예수가 아무 죄가 없다는 것을 알지만, 모진 채찍질과 조롱을 당하게 내버려둡니다.

> "이에 빌라도가 예수를 데려다가 채찍질하더라 군인들이 가시나무로 관을 엮어 그의 머리에 씌우고 자색 옷을 입히고 앞에 가서 이르되 유대인의 왕이여 평안할지어다 하며 손으로 때리더라"(1-3절)

1. 자신을 위한 삶

예수님이 당하는 모든 고난은 정당한 것이 아니었습니다. 그러나 유대 지도자들의 욕망과 빌라도의 유기에 의해 예수님은 심한 고통을 당하십니다. 수많은 채찍질에 지칠 대로 지친 예수님을 빌라도가 유대인들 앞에 데리고 나아옵니다. 그러고는 죄 없는 자를 이만큼 벌했으니 이제는 그만 데리고 가라고 외칩니다.

> "빌라도가 다시 밖에 나가 말하되 보라 이 사람을 데리고 너희에게 나오나니 이는 내가 그에게서 아무 죄도 찾지 못한 것을 너희로 알게 하려 함이로라 하더라"(4절)

여기서 우리는 자신의 안위를 위해 세상과 타협하는 빌라도의 모습을 보게 됩니다. 빌라도는 분명히 예수님께 죄가 없다는 것과, 그가 보통 사람이 아니라는 것을 알았습니다. 그래서 예수님께 진리에 대한 설명을 듣고 과연 진리가 무엇인지 묻기도 하였고(요 18:37-38), 예수님이 하나님의 아들이라는 말을 듣고 두려워하기까지 했습니다(요 19:7-8). 그러나 금방이라도 시위를 벌일 것 같은 군중들의 성난 요구 앞에 자신의 자리가 위협받을 것을 염려한 빌라도는 예수님을 외면해 버립니다.

안타깝게도 이런 빌라도 같은 모습을 이 땅의 수많은 그리스도인들이 벗지 못하고 있습니다. 그런 연고로 주님께서는 자신이 그리스도인이라고 주장하는 이들을 향해 **"나더러 주여 주여 하는 자마다 천국에 다 들어갈 것이 아니요 다만 하늘에 계신 내 아버지의 뜻대로 행하는 자라야 들어가리라"(마 7:21)**고 경고하십니다.

빌라도 같은 신앙에 서 있는 사람은 예수의 행적과 소문은 알지만, 그것을 인정하는 것이 자신의 삶을 위협할 때는 가차없이 외면해 버립니다. 그러고는 세상의 요구에 타협점을 찾고 이를 통해 자신의 안위를 확보하려 합니다. 바로 빌라도의 모습이 그러했습니다.

참혹한 고난을 당하게 했음에도 불구하고 아무 죄 없는 예수를 못 박아 죽이라는 함성이 끊이지 않자 화가 난 빌라도는 이렇게 외칩니다.

> "너희가 친히 데려다가 십자가에 못 박으라 나는 그에게서 죄를 찾지 못하였노라"(6절 하)

그러자 유대인들이 "우리에게도 법이 있다"고 소리쳐 응수합니다. 즉 로마인 너희들에게만 법이 있는 것이 아니라, 유대인인 우리에게도 예수를 십자가에 못 박아 죽이라고 요구할 법이 있다는 것(7절)입니다. 그렇다면 왜 유대인들이 이처럼 예수님을 죽이려고 합니까? 그 이유는 예수님 당신이 자신을 하나님의 아들이라고 말씀하셨기 때문입니다. 유대인들은 인간이 하나님일 수 있다는 것을 도저히 용납할 수 없었습니다. 게다가 그토록 초라한 모습의 예수가 하나님의 아들이라는 것은 더더욱 신성모독으로 여겨졌습니다.

이들의 함성을 듣고 빌라도는 다시금 예수님 앞으로 가서 두려움에 떨며 "네가 어디서 왔느냐?"라고 묻습니다(9절). 아무런 대답이 없는 예수님을 향해 빌라도는 다시 한번 자신이 모든 것을 결정할 권력을 가진 자라는 것을 상기시키며, 협박하는 태도로 어디서부터 왔는지를 묻습니다. 이처럼 교만한 빌라도의 질문 앞에 예수님께서는 아주 놀라운 대답을 하십니다.

> "예수께서 대답하시되 위에서 주지 아니하셨더라면 나를 해할 권한이 없었으리니 그러므로 나를 네게 넘겨 준 자의 죄는 더 크다 하시니라"(11절)

여기서 빌라도의 생각과 예수님의 말씀 사이의 결정적인 차이가 드러납니다. 빌라도는 자신의 직책과 권세가 확실한 **'나의 것'** 이라고 믿었습니다. 그러나 예수님께서는 그 모든 것이 '너의 것' 이 아니라 위로부터 네게 잠시 '맡겨진 것' 에 불과할 뿐이라고 말씀하십니다. 빌라도는 자신의 모든 권세가 오직 하나님께로부터 맡겨진 것이기에 그것을 하나님의 법과 진리에 따라 행사해야 한다는 사실을 몰랐습니다. 만약 빌라도가 이 중요한 사실을 알았더라면 옳지 못한 줄 알면서도 유대인들의 압력에 굴복하여 예수님을 못 박아 죽이는 죄를 범하지 않았을 것입니다. 결국 빌라도는 자신의 무지로 인해 하나님의 아들을

못 박아 죽이는 가장 어리석고 수치스러운 인간으로 전락해 버리고 맙니다.

우리 사역자들도 이러한 예수님의 음성에 귀 기울여야 합니다. 우리가 가지고 있는 모든 능력과 권세는 전부 하나님으로부터 부여된 것입니다. 그렇기 때문에 어떤 상황에서도 결코 자신을 드러내서는 안 됩니다. 이 진리를 깨닫는 자가 이 땅에서 하나님의 뜻을 바르게 펼쳐 나갈 수 있습니다.

이러한 일련의 사건을 겪으면서 빌라도는 예수님을 십자가에 내어주어서는 안 된다는 확신을 가지게 됩니다. 그래서 빌라도는 예수님을 놓아주려고 열심히 노력합니다. 그러나 그 노력은 유대인들의 다음과 같은 함성에 의해 일순간에 무너지고 맙니다. 참고 성경 구절

※ **참고 성경 구절** – "이러하므로 빌라도가 예수를 놓으려고 힘썼으나"(12절 상)

"유대인들이 소리 질러 이르되 이 사람을 놓으면 가이사의 충신이 아니니이다 무릇 자기를 왕이라 하는 자는 가이사를 반역하는 것이니이다"(12절 하)

참고 사항

빌라도는 이 음성을 듣자마자 지금까지의 모든 인간적인 노력을 중지하고 재판석에 앉아 예수님을 십자가에 못 박게 넘겨줍니다(13-16절). 왜입니까? 지금껏 빌라도가 가장 애지중지하던 권력을 위협하는 말을 했기 때문입니다. 그러한 빌라도의 약점을 알았던 유대 지도자들은 허탄하고 망령된 말들로 빌라도를 충동한 것입니다.

결국 빌라도는 아무리 예수라는 존재가 진리를 가르치고, 정의를 행하며, 흠 없는 자라고 해도 자신의 권세를 위협하는 존재가 되었을 때 가차없이 현실을 택해 버립니다. 참고 성경 구절

※ **참고 성경 구절** – "빌라도가 이르되 내가 너희 왕을 십자가에 못 박으랴 대제사장들이 대답하되 가이사 외에는 우리에게 왕이 없나이다 하니"(15절 하)

"이에 예수를 십자가에 못 박도록 그들에게 넘겨주니라"(16절)

이러한 빌라도의 행위를 통해 우리의 모습을 돌아봅시다. 어쩌면 우리도 가장 결정적인 순간에 자신의 유익을 좇고 있지는 않습니까? 우리가 적어도 하나님의 사역자라고 한다면 자신의 욕심을 포기하지 못함으로 주님을 외면하는 일은 없어야 할 것입니다. 비록 그 순간은 모든 것을 잃어버리는 고난을 당한다 할지라도 영원한 본향을 바라보고 진리를 택하는 자들이 되어야 합니다.

2. 목적을 잃어버린 삶

골고다 언덕 위에서 온 인류의 창조자이신 하나님의 아들 예수 그리스도가 죽음을 맞이하고 있습니다. 그러나 로마 군병들은 예수님의 죽음에 전혀 관심이 없습니다. 오직 그들의 관심은 예수님이 입고 있는 옷, 즉 예수님의 외형을 치장하고 있는 것들에만 모아져 있습니다.

당시 로마 제국은 죄수를 십자가에 못 박아 사형시킬 때 군인 네 명이 한 조를 이루어 사형을 집행하게 했습니다. 그리고 사형 당하는 죄수의 유품은 집행하는 군인들의 몫으로 인정해 주었습니다. 그래서 예

수님을 못 박은 네 명의 군인들은 서로 예수님의 옷을 갖기 위해 애쓰고 있는 것입니다.

> "군인들이 예수를 십자가에 못 박고 그의 옷을 취하여 네 깃에 나눠 각각 한 깃씩 얻고"(23절 상)

온 인류의 구원을 위해 십자가를 지신 예수님을 발가벗겨 자신의 욕심을 채우기에 혈안이 되어 있는 군병들의 모습을 봅니다. 그들이 서로 먼저 갖기 위해 제비까지 뽑아가며 취했던 예수님의 겉옷(마 27:35; 막 15:24)이 그들의 삶에 구체적으로 무슨 도움이 되었겠습니까?

예수님은 예루살렘의 부자 출신도 아니고 그저 달동네 같은 나사렛 출신의 가난한 목수였을 뿐입니다. 더욱이 지금 이 순간까지 채찍에 맞고, 가시관을 쓰고, 십자가를 지고 오느라 그분의 옷은 피와 땀으로 절어 있었습니다. 그럼에도 불구하고 그들은 기를 쓰고 그것을 취하려고 애씁니다. 이 얼마나 정욕에 눈먼 인간의 모습입니까?

과연 우리의 모습은 그렇지 않다고 당당히 말할 수 있습니까? 내가 주님의 사역자라고 하면서도 한낱 썩어져 갈 세상의 옷을 취하는 데만 급급한 모습이라면 당장 그 손을 내려놓고 회개의 자리로 나아가야 합니다. 만약 그 자리에 그대로 머물러 있다면 이 땅의 마지막 날에 하나님의 엄한 진노를 피할 수 없을 것입니다(마 25:30).

이렇게 겉옷을 나눈 뒤 하나가 더 남았습니다. 그것은 바로 예수님의 속옷이었습니다. 이에 대해 본문은 이렇게 증거하고 있습니다.

> "속옷도 취하니 이 속옷은 호지 아니하고 위에서부터 통으로 짠 것이라 군인들이 서로 말하되 이것을 찢지 말고 누가 얻나 제비 뽑자 하니"(23절 하-24절 상)

그들이 예수님의 겉옷과 속옷을 나누어 가질 권리를 가졌던 것은,

그들의 손으로 예수님을 못질한 대가였습니다. 네 명의 군병들 중에서 제비를 뽑아 통으로 짠 속옷을 독차지하게 된 군병은 남이 갖지 못한 것을 자기 홀로 손에 넣었다는 것 때문에 그 순간 얼마나 기뻤겠습니까? 그러나 그것은 죽어서까지 가져갈 수 있는 것이 아니었습니다. 시간이 지나면 썩어 없어질 것이었다는 말입니다.

본문 속의 군병들은 마지막 순간 주님을 가장 가까이에서 만난 사람들입니다. 그분은 인간을 죄에서 건지시고 영원한 생명을 주실 구원자이시며, 하나님의 아들이셨습니다. 그러한 예수님을 마지막 순간 친히 뵙는다는 것은 참으로 선택받은 자만이 누릴 수 있는 특별한 은총이었습니다. 그럼에도 불구하고 그분을 만나 그들이 얻은 것은 영원한 생명과 천국이 아니라, 이내 썩어 없어질 천 조각에 불과했습니다.

이러한 군병들의 모습에 반해 우리는 전혀 다른 자세로 예수님께 다가갔던 한 여인을 볼 수 있습니다. 그녀는 12년 동안이나 혈루병을 앓으며 이루 말할 수 없는 고통을 당하던 여인이었습니다. 그러한 상황에서 그녀는 예수님에 대한 소문을 듣게 되었고, 우여곡절 끝에 예수님이 계신 곳까지 오게 되었습니다. 그러나 예수님을 에워싸고 있는 무리들로 인해 도저히 예수님 가까이 다가갈 수 없었습니다.

그러나 그녀는 끝까지 포기하지 않고 예수님의 옷자락이라도 만지기 위해 사력을 다했습니다. 왜냐하면 그녀에게는 예수님의 옷자락에 손만 대어도 자신의 모든 병이 나을 것이라는 믿음이 있었기 때문입니다. 결국 그 여인은 겨우 예수님의 옷자락에 손을 댈 수 있었습니다. 그런데 바로 그 순간 12년 동안이나 자신을 괴롭혀 오던 혈루증이 씻은 듯이 낫는 역사를 경험하게 되었습니다. 그리고 예수님으로부터 **"딸아……네 믿음이 너를 구원하였다"**는 말씀까지 듣게 되었습니다(마 9:22). 이제 여인은 완전히 새로운 인생을 살게 된 것입니다.

골고다 위의 네 명의 군병들과 이 갈릴리 여인에게 예수님의 옷이 다르게 다가온 이유가 무엇입니까? 그 이유는 **'군병들'** 에게는 **'예수님의 옷 자체가 목적'** 이었던 것에 반해, **'혈루병 걸린 여인'** 에게는 예수님의 옷이 아닌 **'생명의 예수님 그 자체가 목적'** 이었기 때문입니다. 군병들이나 여인이나 예수님의 옷에 손이 닿았다는 점은 같았지만, 그 본질은 판이하게 달랐던 것입니다.

이제 집으로 돌아가는 군병들과 여인의 모습을 상상해 보십시오. 집으로 돌아가는 군병들의 손에는 여전히 예수님의 옷이 쥐어져 있습니다. 그러나 예수님의 옷가에 손을 대기만 했던 여인의 손은 텅 비어 있습니다. 비어 있는 여인의 손보다는 예수님의 겉옷과 속옷을 취한 군병들의 손이 더 알찬 것 같습니다. 그러나 군병들의 손안에 든 것은 곧 썩어져 버릴 천 조각인 데 반해, 비어 있는 여인의 손안에는 그녀가 붙잡았던 예수 그리스도의 영원한 생명과 구원, 그리고 그분의 영원한 진리가 충만하게 넘치고 있었습니다.

이제 우리의 손을 들여다봅시다. 당신은 예수님을 벗어난 그 어떤 것에 관심을 갖는 삶입니까? 아니면 본질 자체인 예수 그리스도를 바라고 품는 삶입니까? 우리가 진정으로 바라고 붙잡아야 할 것은 바로 예수님 그 자체입니다. 그분만이 우리 안에 영원한 하나님의 은총이 흐르게 하는 길이기 때문입니다.

3. 목적이 이끄는 삶

요한은 십자가상의 예수님의 **'칠언'** 중 **"목마르다"**와 **"다 이루었다"**는 두 마디만 기록하고 있습니다. 이 두 마디는 다른 복음서에서는 찾아볼 수 없는 귀한 말씀들입니다. **"목마르다"**는 것은 육적인 고통을 나타내는 말이며, **"다 이루었다"**는 것은 승리를 표현한 말입니다. 하나는 고통이요, 다른 하나는 승전가로서 이 둘을 대조하고 있습니다. 우리는 이 두 마디 말씀 속에서 요한이 전하고자 했던 메시지를 읽을 수 있어야 합니다.

"그 후에 예수께서 모든 일이 이미 이루어진 줄 아시고 성경을 응하게 하려 하사 이르시되 내가 목마르다 하시니"(28절)

이 고백이야말로 주님께서 하늘 위가 아니라 육신을 입으시고 이 땅에 오시어 구체적으로 사셨다는 참된 증거가 아닐 수 없습니다. 주님께서 이 땅 위에서 육신을 가지고 사시지 않았더라면 결코 목마름을 느끼지 못했을 것이기 때문입니다. 예수님은 일부 이단이나 영지주의자들이 부르짖는 것처럼 신적인 존재로 이 땅에 와서 자신의 사역을 감당하다가 홀연히 하늘로 올라간 존재가 아닙니다. 그분은 배고픔과 목마름을 느끼는 우리와 같은 존재로서, 모든 하나님의 구원 사역을 완성하셨습니다.

고통 중에서도 하나님의 뜻을 이루기 위해 자신의 전부를 내어놓으셨던 예수님처럼 우리도 그러한 삶을 살아야 합니다. 그러기 위해서는 우리의 구원자시며 완전한 모델 되시는 예수님을 내 삶의 형상으로 담는 일이 무엇보다 중요합니다.

그렇게 십자가 위에서 홀로 모든 고통을 당하시던 주님께서 드디어 자신의 사역을 마무리지으며 **"다 이루었다"**고 말씀하시고는 돌아가십니다.

"예수께서 신 포도주를 받으신 후에 이르시되 다 이루었다 하시고 머리를 숙이니 영혼이 떠나가시니라"(30절)

"다 이루었다"는 말은 오늘 이 시간을 목적으로 하고 그 하나를 위해 지금까지 달려와서 이제 다 이루었다는 뜻입니다. 그러므로 예수님께서 지금 십자가를 지고 있는 것은 우연한 일이 아닙니다. 그분은 오직 십자가를 위해 태어났고, 십자가를 위해 사셨습니다. 그래서 지금 이 순간 다 이루었다고 말할 수 있는 것입니다. 이것은 **'완성을 의미'** 합니다. 또한 십자가의 죽음이 실패가 아니라 승리였다는 것을 말해 줍니다. 십자가는 결국 사랑의 승리요, 믿음의 승리며, 소망의 승리였습니다.

우리 삶에서 누가 과연 다 이루었다고 말할 수 있습니까? 목적이 있는 사람만이 다 이루었다고 말할 수 있습니다. 그러므로 우리는 예수님을 본받아 자신의 목적을 명확히 알고, 그 목적을 이루기 위해 살아가는 존재여야 합니다. 그리하여 인생의 마지막 순간에 다 이루었다고 말할 수 있어야 합니다.

그렇다면 **우리의 목적**이 무엇입니까? 그것은 예수님이 다 이루신 사역, 즉 **'예수님이 지신 십자가가 헛되지 않게 영혼을 구원하는 일'** 입니다. 그러한 맥락에서 사도 바울 또한 그의 인생의 마지막을 정리하며 다음과 같은 고백을 하고 있습니다.

> "나는 선한 싸움을 싸우고 나의 달려갈 길을 마치고 믿음을 지켰으니 이제 후로는 나를 위하여 의의 면류관이 예비되었으므로 주 곧 의로우신 재판장이 그날에 내게 주실 것이며 내게만 아니라 주의 나타나심을 사모하는 모든 자에게도니라"(딤후 4:7-8)

목적이 있기 때문에 '나의 달려갈 길을 마치고 믿음을 지켰다' 고 말할 수 있는 것입니다. 사도 바울의 전 생애를 한마디로 표현한다면 **"목적이 이끄는 삶"**, 바로 그것이었습니다. 바울은 자신 안에 끓어넘치는 그리스도의 사랑으로 죽어 가는 생명을 살려내는 일에 자신의 전 생애를 걸었던 사람입니다. 바로 이것이 사역자가 가져야 할 자세가 아니고 무엇이겠습니까?

오늘날 우리 주변에서 하나님의 사역을 잘 감당하다가도 사탄의 시험에 넘어지는 자들이 많이 있습니다. 그 이유가 무엇입니까? 확실한 목적을 잃어버렸기 때문입니다. 자신에게 다가오는 환난과 핍박이 하나님의 나라를 세워가는 데 꼭 필요한 것이라면 기꺼이 받아들일 수 있어야 하는데, 그러한 목적이 흔들리니까 쉽게 포기하고 절망하는 것입니다.

그러나 예수님을 보십시오. 십자가를 받아들이기까지 흔들리지 않았던 이유가 바로 하나님의 뜻을 다 이루기 위함이었다는 것을 말해 주고 있지 않습니까? 그러므로 우리도 예수님의 이 고백을 남길 수 있도록 목적을 붙드는 삶을 살아야 합니다.

이 죽음의 순간에 자신을 목적이 이끄는 삶으로 내어놓는 두 사람이 등장합니다. 바로 **'아리마대 요셉'** 과 **'니고데모'** 입니다. 아리마대 요셉과 니고데모, 이 두 사람은 유대 사회의 대표적인 지도자들로서, 지금껏 자신의 삶이 위협받는 것이 두려워 비공개적 그리스도인으로 살던 자들이었습니다. 그러나 주님의 십자가를 통해 하나님의 뜻을 온전히 깨닫게 되었을 때, 담대하게 공개적인 그리스도인의 자리로 나아갑니다. 요한은 그들의 모습을 다음과 같이 기록하고 있습니다.

> "아리마대 사람 요셉은 예수의 제자이나 유대인이 두려워 그것을 숨기더니 이 일 후에 빌라도에게 예수의 시체를 가져가기를 구하매 빌라도가 허락하는지라 이에 가서 예수의 시체를 가져가니라 일찍이 예수께 밤에 찾아왔던 니고데모도 몰약과 침향 섞은 것을 백 리트라쯤 가지고 온지라"(38-39절)

'아리마대 요셉', 그는 존경 받는 공회원(막 15:43)이었을 뿐 아니라 자신을 위해 미리 무덤을 예비해 놓을 만큼 부자였습니다. 그러니 공개적 그리스도인이 되어 자신의 삶의 기반이 송두리째 흔들리는 것이 당연히 두려웠을 것입니다. 그러나 한편으로 그는 '하나님의 나라를 기다리는 자' 이기도 했습니다(막 15:43; 눅 23:51). 십자가의 주님을 바라보며 끝없이 갈등하던 그는 결국 십자가의 사랑을 통해 진정한 하나님의 뜻을 깨닫게 되었고, 미련 없이 공개적인 그리스도인의 길을 택한 것입니다. 참고 성경 구절

※ **참고 성경 구절** – "아리마대 사람 요셉이 와서 당돌히 빌라도에게 들어가 예수의 시체를 달라 하니 이 사람은 존경 받는 공회원이요 하나님의 나라를 기다리는 자라"(막 15:43)

그렇다면 **'니고데모'** 는 어떻습니까? 그 역시 하늘나라의 진리에 갈급한 자였지만, 사람들의 눈이 무서워 밤중에 아무도 몰래 예수님을 찾았던 사람입니다. 그런 니고데모가 유대 지도자들이 버젓이 눈을 뜨고 있는 상황에서 예수님의 시체에 바를 엄청난 양의 향품을 들고 나온 것입니다. 어떻게 이런 일이 가능했습니까? 그가 십자가를 통해 비로소 '진리의 길' 을 발견했기 때문입니다.

니고데모는 바로 그 진리가 이끄는 대로 나온 것입니다. 니고데모의 이러한 행동이 얼마나 어려운 결단을 요구하는 것인가는 그의 삶의 자리를 보면 잘 알 수 있습니다. 그는 유대인의 관원으로서, 그가 속해 있는 바리새인과 유대인 집단이 바로 예수님을 죽인 장본인들이었습니다. 그러한 상황에서 니고데모가 이런 행동을 한다는 것은 그 집단으로부터 배척과 이탈, 심지어는 죽음까지 각오한 것이었습니다.

아리마대 요셉과 니고데모, 바로 이들이 하늘의 목적이 이끄는 대로 살아간 자들입니다. 그리하여 그들은 3년 동안이나 예수님과 함께했던 제자들조차 이루지 못했던 일들을 이룹니다. 향기로운 향품으로 예수님의 마지막을 아름답게 마무리짓고, 예수님의 부활의 자리를 마련한 자들이 된 것입니다.

이 시대의 너무나 많은 그리스도인들이 비공개적 그리스도인이 되어 마치 빌라도와 군병들처럼 살아가고 있습니다. 이제 그 자리를 박차고 나아와 하나님의 진리를 위해 목숨까지 내어놓는 아리마대 요셉과 니고데모가 되지 않으시겠습니까? 하늘나라의 사역자는 이와 같이 하나님의 진리를 위해, 그 목적이 이끄는 대로 끝까지 순종하는 자들입니다.

토의 사항

당신은 빌라도와 군병들 같은 마음 자세로 하나님을 좇고 있습니까? 아니면, 아리마대 요셉과 니고데모의 모습으로 좇고 계십니까? 이 시간 주님의 말씀 앞에 당신은 어떠한 삶을 살기로 결단하시겠습니까?

10과

부활의 증인이 되라

(요 20:1-31)

10과

부활의 증인이 되라

(요 20:1-31)

예수님께서 끝내 십자가에서 돌아가시자 그때까지도 혹시 그가 메시아가 아닐까 생각하며 따랐던 자들이 모두 떠나갔습니다. 심지어 예수님의 제자들조차도 자신들의 실패에 참담해하며 주님 곁을 떠나갔습니다. 그러나 끝까지 주님의 곁을 떠나지 않고 그를 향해 나아온 자들이 있었습니다. 바로 그들이 부활의 증인이 되었고, 이 땅 위에 하나님의 구원의 역사를 외치는 첫 열매가 되었습니다.

1. 부활의 현장을 찾은 사람들

1) 부활의 첫 증인 막달라 마리아

안식 후 첫날 이른 새벽, 예수님의 시신에 향품을 발라 드리기 위하여 예수님의 무덤을 찾았던 막달라 마리아는 무덤 문이 열린 채 마땅히 그 속에 있어야 할 예수님의 시신이 사라진 것을 발견했습니다.

> "안식 후 첫날 일찍이 아직 어두울 때에 막달라 마리아가 무덤에 와서 돌이 무덤에서 옮겨진 것을 보고"(1절)

예수님의 시신이 없어진 사실을 안 그녀는 너무 놀란 나머지 단숨에 제자들에게 달려가 그 사실을 알렸습니다. 예수님의 시신이 무덤에서 없어졌다는 것은, 예수님께서 생전에 제자들에게 말씀하셨던 대로 죽음을 깨뜨리고 부활하신 것을 의미했습니다. 그러나 막달라 마리아의 이야기를 전해 들은 사도들의 반응은 냉담했습니다. 그들의 반응을 누가복음 24장 11절은 이렇게 전하고 있습니다.

"사도들은 그들의 말이 허탄한 듯이 들려 믿지 아니하나"(눅 24:11)

제자들은 예수님의 시신이 사라졌다는 사실을 도저히 믿을 수 없는 거짓말로 여겼습니다. 주님께서 살아 계실 때 그토록 강조하셨던 부활의 가능성에 대해 제자들은 티끌만큼도 생각지 않았던 것입니다.

2) 부활을 외면한 베드로와 요한

그때 오직 베드로와 예수의 사랑하시던 제자(요한)만이 막달라 마리아의 말을 듣고 주님의 무덤을 향해 달려갑니다. 그 두 제자는 예수님의 무덤을 보고 마리아의 말이 허탄한 거짓말이 아니라 진실이었음을 알게 됩니다.

그렇다면 이제 막달라 마리아의 증언을 넘어 **'사흘 후에 부활할 것'** 이라던 주님의 말씀을 기억해야 할 차례였습니다. 그러나 본문은 그들의 행동을 이렇게 증거하고 있습니다.

"그들은 성경에 그가 죽은 자 가운데서 다시 살아나야 하리라 하신 말씀을 아직 알지 못하더라"(9절)

여기서 **'알지 못했다'** 는 것은 **'깨닫지 못했다'** 는 것을 의미입니다. 그들은 막달라 마리아 다음으로 부활의 현장에 들어간 두 번째 증인들이었음에도 불구하고, 그 현장에서조차 예수님의 부활을 깨닫지 못한 것입니다. 그래서 그들이 어떻게 했습니까?

"이에 두 제자가 자기들의 집으로 돌아가니라"(10절)

그들은 그냥 집으로 돌아가 버리고 맙니다. 주님의 빈 무덤을 확인했다는 것 자체가 그들에게 아무런 의미도 가져다 주지 못했다는 말입니다. 주님이 부활하신 현장을 똑똑히 목격했음에도 불구하고 베드로와 요한은 이미 주님의 말씀을 잃어버렸습니다. 그리하여 자신들이 증인으로 있어야 할 부활의 현장을 버려 둔 채, 오히려 벗어나야 할 세상의 집으로 돌아가 버린 것입니다.

이 두 제자의 모습을 통해 우리의 모습을 점검해 봐야 합니다. 우리 또한 주님의 말씀을 믿는다고 하면서도 주님의 능력을 믿지 못하는 자리에 있지는 않습니까? 우리가 보기에 좌절로 느껴지고 실패로 보일 때에도, 눈앞의 환경에만 머물러서는 안 됩니다. 오히려 그 자리에서 하나님의 약속의 말씀을 들을 수 있어야 합니다. 그 약속의 말씀을 듣지 못하기 때문에 자신에게 맡겨진 사역을 끝까지 기쁨으로 감당하지 못하고 쓰러지는 것입니다.

이제 실패의 자리를 벗어나 하나님의 쓰임 받는 사역자가 되기 위해 말씀을 붙드는 자가 되십시오. 그때 당신은 그토록 고대하던 부활의 주님을 만나게 될 것이며, 이를 통해 하늘로부터 오는 능력을 얻게 될 것입니다.

3) 부활의 주님을 만난 막달라 마리아

베드로와 요한이 집으로 되돌아갈 때 막달라 마리아는 어디로 갔습니까? 집으로 돌아갔습니까? 아닙니다. 한글개역성경과 개역개정에는 나타나지 않지만 원문에서 11절 말씀은 **'그러나'** 로 시작됩니다. 제자들과 달리 그녀는 집으로 돌아가지 않았음을 강조하기 위한 것입니다. 그렇다면 마리아가 어디로 갔습니까?

"마리아는 무덤 밖에 서서 울고 있더니"(11절 상)

막달라 마리아는 주님의 무덤으로 갔습니다. 그러고는 그곳에서 하염없이 울고 있었습니다. 왜 막달라 마리아는 그냥 집으로 돌아가 버린 제자들과 달리 홀로 주님의 무덤 앞에서 서럽게 울고 있었을까요? 그것은 그녀 안에 머물고 있던 예수님 때문이었습니다. 주님이 살아 계실 때 하셨던 말씀들이 그녀의 심령 속에서 메아리치고 있었기 때문에 발걸음을 도저히 집으로 돌릴 수 없었던 것입니다. 그래서 무덤 앞에 머물며 생전의 주님을 생각하며 울고 있는 것입니다.

그런데 놀랍게도 다시 찾은 무덤에서 그렇게 마음속에 기리던 부활의 예수님을 만나게 됩니다. 인간적으로 보기에는 집으로 돌아간 제자들이 바른 곳을 갔고, 다시 무덤을 찾은 막달라 마리아는 쓸데없는 일을 한 것처럼 보였습니다. 그러나 그렇지 않았습니다. 제자들이 간 곳은 **'미래의 무덤'** 이었고, 막달라 마리아가 간 곳은 **'참 생명을 만나는 자리였던 것'** 입니다.

> "막달라 마리아가 가서 제자들에게 내가 주를 보았다 하고 또 주께서 자기에게 이렇게 말씀하셨다 이르니라"(18절)

3년씩이나 주님과 함께 살았고, 심지어 수제자로 불렸던 베드로는 자신의 집으로 돌아가 버림으로 부활하신 주님을 만나지 못했습니다. 그러나 무덤의 자리를 끝까지 지켰던 막달라 마리아는 부활하신 예수님의 첫 증인이 될 수 있었습니다.

사역자들이 하나님의 일을 감당해 가는 비결이 여기에 있습니다. **주님을 찾고 찾으므로 오늘, 이 순간, 이 자리에서 부활하신 주님을 만나게 될 때 "내가 주를 보았다", "주님께서 나에게 이렇게 말씀하셨다"고 세상을 향해 당당히 선포할 수 있는 것**입니다. 이러한 생명을 담은 외침만이 세상을 변화시킬 수 있습니다.

2. 부활의 증인이 되라

"이날 곧 안식 후 첫날 저녁때에 제자들이 유대인들을 두려워하여 모인 곳의 문들을 닫았더니"(19절 상)

주님께서 부활하셨음에도 불구하고 제자들은 여전히 공포에 사로잡혀 문들을 꼭꼭 걸어 잠근 채 다락방 속에 숨어 있습니다. 그 이유가 어디 있습니까? 단 한 가지, 그때까지도 **'주님의 부활'**을 믿지 못했기 때문입니다.

여기서 **'닫았다'**는 동사 ***'kleio'*** **(클레오)**는 걸어 잠갔다는 뜻입니다. 이는 단순히 문을 닫은 형태가 아니라 겹겹이, 그리고 단단히 걸어 잠근 것을 말합니다. 이것은 지금 **'제자들의 마음 상태'**를 말하고 있습니다. 즉 그들이 걸어 잠갔던 것은 겉에 보이는 문이 아니라 그들의 마음이었습니다. 그 빗장 친 마음속에는 두려움과 불안, 그리고 불신만이 가득 담겨져 있었습니다.

이처럼 가련한 모습으로 떨고 있는 제자들 앞에 부활하신 주님께서 시간과 공간을 초월하여 찾아오십니다. 당신의 부활을 제자들에게 친히 확인시켜 주시기 위함입니다.

"예수께서 오사 가운데 서서 이르시되 너희에게 평강이 있을지어다"(19절 하)

세상으로부터 오는 두려움에 떨고 있는 제자들에게 예수님은 하늘로부터 오는 평강을 선포하십니다. 그러고는 자신이 고난당한 흔적인 손과 옆구리를 보여주십니다.

"이 말씀을 하시고 손과 옆구리를 보이시니 제자들이 주를 보고 기뻐하더라"(20절)

부활하신 그리스도를 만난 제자들은 비로소 두려움에서 벗어나 기뻠을 얻게 됩니다. 이와 같이 부활하신 주님과의 만남은 우리 안에 기쁨을 회복시킵니다. 그리고 이를 통해 우리 삶에 진정한 평안을 가져다 줍니다. 예수님은 이 평안을 한 번이 아닌 세 번에 걸쳐(19, 21, 26절) 선포하십니다. 왜입니까? 그 이유는 부활하신 주님께서 사랑하는 제자들에게 그 무엇보다 평안을 주고 싶었기 때문입니다. 이것은 세상이 도저히 알 수도 없고, 줄 수도 없는, 오직 하늘로부터 오는 평안입니다(요 14:27). 부활하신 주님을 통해 제자들의 삶에 평강이 가득 차게 되었을 때, 그들은 골방에서 뛰쳐나와 참 생명을 전하는 하늘나라의 사역자가 되었습니다. 그래서 베드로는 이렇게 외칩니다.

> "하나님과 우리 주 예수를 앎으로 은혜와 평강이 너희에게 더욱 많을지어다"(벧후 1:2)

이렇게 예수님은 제자들에게 하나님의 평강을 부어주신 후, 드디어 하늘나라의 사역자로 세상에 파송하십니다.

> "아버지께서 나를 보내신 것같이 나도 너희를 보내노라"(21절 하)

여기서 우리가 꼭 기억해야 할 것은 주님께서 제자들을 파송하시는 기준이 '부활을 전제'로 하고 있다는 점입니다. 그러므로 우리가 사역자로 서기 위해서는 확실한 부활 신앙이 있어야 합니다. 오직 부활 신앙만이 기독교 신앙의 근본이며, 결론이기 때문입니다.

또 한 가지 주목할 점은 주님께서 제자들을 보내실 때 거기에는 분명한 원칙이 있었다는 것입니다. 주님께서는 **"아버지께서 나를 보내신 것같이 나도 너희를 보내노라"**고 말씀하셨습니다.

즉 주님께서 하나님 아버지에 의해 이 땅에 오신 것처럼, 주님에 의해 제자들이 세상에 나가야 함을 말한 것입니다. 그러므로 주님의 보내심을 받은 제자들이 지켜야 할 삶의 원칙은 주님이 그러하셨듯이 세상 속에서 **'진리의 삶'**을 내보이는 것이었습니다.

그런데 진리의 삶을 나타내기 위해 먼저 꼭 필요한 것이 있습니다. 그것은 바로 **'성령'**입니다. 그래서 주님은 파송의 말씀 바로 후에 제자들에게 성령 받을 것을 명하십니다.

> "이 말씀을 하시고 그들을 향하사 숨을 내쉬며 이르시되 성령을 받으라"(22절)

'성령'의 역사가 있어야 주님의 부활 사건이 내 사건이 되고, 주님을 위해 생명을 바치는 증인이 될 수 있습니다. 부활하신 주님을 만난 역사적 사건에 머물러 있을 때 제자들은 다시금 갈릴리 바닷가의 어부로 돌아갈 수밖에 없었습니다.

그러나 오순절의 성령의 역사를 체험했을 때 그들의 행적은 사도행전으로 이어졌고, 오늘날 세계 곳곳에 하나님의 교회가 세워지게 하는 놀라운 일을 이뤄냈습니다. 그러므로 주님 앞에 진정한 사역자가 되기 위해서는 **부활의 사건이 나의 신앙 사건이 되는 성령 체험**이 있어야 합니다.

3. 복된 믿음

"열두 제자 중의 하나로서 디두모라 불리는 도마는 예수께서 오셨을 때에 함께 있지 아니한지라 다른 제자들이 그에게 이르되 우리가 주를 보았노라 하니 도마가 이르되 내가 그의 손의 못 자국을 보며 내 손가락을 그 못 자국에 넣으며 내 손을 그 옆구리에 넣어 보지 않고는 믿지 아니하겠노라 하니라"(24-25절)

제자들로부터 예수님의 부활 소식을 들은 도마는 그 말을 전혀 믿지 않습니다. 도마는 부활하신 주님께서 자신의 눈앞에 나타난다 할지라도 예수님의 손의 못 자국과 옆구리의 창 자국을 자신의 손으로 확인하기 전까지는 결코 믿을 수 없노라고 단언합니다. 그리하여 예수님께서는 8일이 지난 후에 다시 한번 제자들에게 나타나십니다.

"여드레를 지나서 제자들이 다시 집 안에 있을 때 도마도 함께 있고 문들이 닫혔는데 예수께서 오사 가운데 서서 이르시되 너희에게 평강이 있을지어다 하시고 도마에게 이르시되 네 손가락을 이리 내밀어 내 손을 보고 네 손을 내밀어 내 옆구리에 넣어 보라 그리하여 믿음 없는 자가 되지 말고 믿는 자가 되라"(26-27절)

도마가 있는 자리에서 다시 한번 평강을 선포하신 예수님은 못 자국과 창 자국이 뚜렷한 당신의 손과 옆구리를 도마에게 보여주시면서, 직접 손으로 확인해 보게 하셨습니다. 그 흔적을 보자마자 도마는 다음과 같이 고백합니다.

"도마가 대답하여 이르되 나의 주님이시요 나의 하나님이시니이다"(28절)

개역개정에는 **"나의 주님이시요 나의 하나님이시니이다"**라고 서술형으로 번역되어 있지만, 원문은 서술형이 아닌 감탄형으로 기록되어

참고 사항

있습니다. 즉 도마는 예수님의 상처 자국을 보는 순간 감탄을 터뜨리고 만 것입니다. **"오! 나의 주님이며 나의 하나님!"** 하고 말입니다.

그런 도마를 바라보며 예수님께서는 그의 불신앙을 책망하지 않으시고, 그의 약점과 생각을 묵묵히 품어주십니다. 이러한 주님의 사랑 앞에 도마는 무릎을 꿇고 모든 의심을 버리게 됩니다. 살아 계신 주님을 본 순간 의심 많던 도마는 위대한 사도로 변화되기 시작합니다. 이와 같이 나의 변화를 가능하게 하는 주체는 언제나 나 자신이 아니라, 예수 그리스도이십니다.

어쩌면 당신도 도마와 같이 의심 많고 연약한 사람일 수 있습니다. 그러나 주님께서는 당신의 그러한 모습까지도 사랑하십니다. 결국 당신 안에 있는 그 모든 허물을 새롭게 하심으로 하늘나라의 사역자가 되게 하십니다. 그것이 바로 하나님께서 사람을 세우시는 방법입니다.

그러나 이러한 도마의 귀한 고백을 받으신 주님께서는 도마를 향한 진심 어린 충고도 잊지 않으십니다.

> "예수께서 이르시되 너는 나를 본 고로 믿느냐 보지 못하고 믿는 자들은 복되도다 하시니라"(29절)

꼭 보아야 믿겠다고 하는데, 본 것만 믿는 것처럼 불완전하고 미련한 것이 없다는 뜻입니다. 눈으로 보고 손으로 만져봐야 믿겠다고 하는 것은 신앙의 가장 원초적인 단계입니다. 왜 도마는 예수님을 손으로 만져봐야 믿겠다고 한 것일까요? 그 이유는 부활이라는 것 자체가 불합리하기에 자기의 이성으로는 도저히 용납이 안 되기 때문입니다. 그래서 도마의 마음을 아신 예수님께서는 도마가 생각하는 이성의 차원으로 접근하신 것입니다.

그러나 우리가 그러한 이성적 신앙의 단계에만 머물러서는 결코 하나님의 사역자로 설 수 없습니다. 왜냐하면 세상의 이론으로는 하나님의 역사를 다 설명할 수도, 이해할 수도 없기 때문입니다. 우리 스스로도 이성적으로, 지적으로 설득당했기 때문에 하나님을 섬기는 것이 아닙니다. 단지 우리의 믿음 가운데, 또한 그분의 사랑을 경험함으로써 **"오! 나의 주님이며, 나의 하나님!"**이라고 고백하게 된 것입니다.

결국 주님을 향한 믿음은 **'성경의 증거'** 와 **'성령의 체험'** , 그리고 이에 기반한 **'철저한 순종'** 을 통해 얻게 될 때 진정 값진 것입니다. 그 깨달음을 이제 세상에 있는 자들과 나누십시오. 주님은 지금 이 순간 당신을 향해 말씀하십니다. 세상을 향해 일어나 복된 믿음을 소유한 **'부활의 증인이 되라'** 고 말입니다.

참고 사항

토의 사항

당신은 진정으로 부활의 신앙을 소유하고 계십니까? 그리고 그 진리를 삶 속에서 늘 선포하고 계십니까?

11과

실패의 자리에서 주님의 사역자로

(요 21:1-14)

11과

실패의 자리에서 주님의 사역자로

(요 21:1-14)

요한복음 21장 말씀은 4복음서를 마무리짓는 역할을 하는 매우 중요한 본문입니다. 특별히 본문 말씀을 통해 제자들이 부활한 주님과 어떤 관계를 맺고 살아가야 하고, 무슨 일을 감당해야 하는지 깨닫게 됩니다. 실패의 자리에서 방황하던 제자들이 다시금 하늘나라의 사역자로 세움을 받게 되는 현장입니다. 결국 본문의 메시지를 통하여 비로소 사도행전의 문이 열리고 있는 것입니다.

1. 실패의 자리에 머문 제자들

"그 후에 예수께서 디베랴 호수에서 또 제자들에게 자기를 나타내셨으니 나타내신 일은 이러하니라"(1절)

여기서 **'그 후'** 라는 말은 요한복음 20장의 말씀을 통해 보게 되듯, 두 번이나 제자들에게 나타나시고 세 번째 제자들에게 나타나심을 가리키는 것입니다. **'디베랴 바다'** 는 **'갈릴리 호수'** 를 일컫는 또 다른 이름입니다. 따라서 본문의 말씀을 정리해 보면, 부활하신 주님을 두 번이나 만났던 제자들이 예전의 삶의 자리인 갈릴리 호수에 머물러 있을 때, 또다시 주님께서 찾아오셨다는 말씀입니다. 이에 대한 증거가 14절에 잘 나타나 있습니다.

"이것은 예수께서 죽은 자 가운데서 살아나신 후에 세 번째로 제

자들에게 나타나신 것이라"(14절)

그런데 이때 갈릴리에 머물러 있던 제자들이 한 일이 무엇입니까? 복음을 알지 못한 채 욕망의 포로로 살아가는 갈릴리 사람들에게 부활의 주님을 증거하는 삶을 살았습니까? 아닙니다. 그렇지 못했습니다. 오히려 3년 전, 예수님을 만나기 전의 삶의 모습으로 되돌아가 버렸습니다.

"시몬 베드로와 디두모라 하는 도마와 갈릴리 가나 사람 나다나엘과 세베대의 아들들과 또 다른 제자 둘이 함께 있더니 시몬 베드로가 나는 물고기 잡으러 가노라 하니 그들이 우리도 함께 가겠다 하고 나가서 배에 올랐으나 그날 밤에 아무것도 잡지 못하였더니"(2-3절)

이들은 십자가 위에서 대속의 피를 흘리신 주님을 보았습니다. 또한 부활하셔서 다시 사신 주님도 두 번씩이나 만났습니다. 그러나 그것이 성령의 역사를 통하여 자신의 사건으로 임하지 못했을 때, 베드로를 비롯한 제자들은 육신의 욕구를 채우기 위해 물고기를 잡는 자리로 나가 버립니다.

3절을 살펴보면, 베드로가 **"나는 물고기 잡으러 가노라"**고 말하는 장면이 나타납니다. 이것은 사명을 포기하는 지극히 자기중심적인 말입니다. 거기에는 여러 가지 이유가 있었을 것입니다.

무엇보다 지금까지 자신의 말과 행동이 너무나 달랐기에 더 이상 주님의 제자로서 살아간다는 것이 염치없고 부끄러운 것으로 느껴졌을 수도 있습니다. 그래서 베드로는 '주님, 저는 이제 다시 어부로 돌아갑니다. 더 이상 부족한 저를 찾지 마세요'라는 심정으로 "나는 물고기를 잡으러 가겠다"고 말했을 수도 있습니다.

그런데 더욱 어처구니없는 것은 베드로와 함께 있던 이들이 모두 함께 가겠다고 따라나섰다는 사실입니다. 즉 그들 모두 이제 더 이상 예수님의 제자로서 사역을 감당하기보다는 자신의 삶의 문제만 바라보고 그것에 얽매여 살겠다는 다짐을 내보이고 있는 것입니다. 그 증거는 그들이 모두 어부가 아니라는 사실에서 엿볼 수 있습니다. 베드로와 야고보, 요한은 어부였습니다. 그러나 도마와 나다나엘은 어부가 아니었습니다. 또 다른 제자들은 누군지 모릅니다. 그런데 그들 모두가 하나같이 물고기를 잡으러 떠난 것입니다.

더더욱 안타까운 것은 베드로와 야고보, 요한은 예수님이 가장 사랑했던 제자들이라는 사실입니다. 예수님께서는 자신이 가는 곳이 어디든지 그들을 데리고 다니면서 하늘나라의 비밀을 알려주셨습니다. 그런데도 그들은 하나같이 옛 구습의 자리로 되돌아가 버립니다. 게다가 어부도 아닌 도마와 나다나엘이 덩달아 따라나가는 모습에서 우리 인간의 지극히 연약하고도 어리석은 모습을 볼 수 있습니다.

우리의 모습은 어떻습니까? 주님을 만나기도 했고, 그분으로부터 사명도 받았지만, 내 안의 연약함을 인하여 자신만의 갈릴리 바다로 돌아가 버리지는 않았습니까? 내게 맡겨진 주님의 사역을 망각한 채 자신만을 위한 욕망의 그물을 수도 없이 던지고 있지 않느냐는 말입니다. 하나님을 따른다 말하면서도 세상의 육정에 따라 사는 것, 그것이 바로 주님 앞에 가장 큰 실패입니다. 여러분이 사명자라고 한다면 이제 실패의 자리를 떠나 예수 그리스도를 바라봐야 합니다. 그리고 그분이 우리에게 맡겨 주셨던 **'사람 낚는 어부의 사명'** 을 기억해야 합니다.

2. 실패의 자리에서 만난 주님

자신의 욕구에만 사로잡혀 있던 제자들의 눈은 이미 어두워져 있었습니다. 그리하여 예수님이 그들의 모습을 내내 지켜보고 있음에도 깨닫지 못했습니다.

"날이 새어갈 때에 예수께서 바닷가에 서셨으나 제자들이 예수이
신 줄 알지 못하는지라"(4절)

날이 새도록 수도 없이 그물을 던졌건만 단 한 마리의 물고기도 얻지 못한 참담한 실패의 자리에 제자들이 서 있습니다. 그러나 그들 중 누구도 이 실패의 의미가 무엇인지, 그 원인이 무엇인지 물어보려 하지 않습니다. 그저 아무런 의미 없이 빈 그물만을 반복해서 던질 뿐이었고, 지칠 대로 지친 그들은 여전히 빈손이었을 따름입니다. 이러한 제자들을 향해 드디어 예수님이 입을 여십니다.

"얘들아 너희에게 고기가 있느냐"(5절 중)

이 질문의 의미는 **"너희들이 나를 등진 채 밤새워 수고한 대가로 얻은 것이 도대체 무엇이 있느냐?"**는 것입니다. 이러한 주님의 물음에 제자들은 **"없습니다"**라고 대답합니다. 주님의 질문 앞에서야 제자들은 자신들이 밤이 새도록 헛수고만 하고 있었음을 뼈저리게 깨닫게 되었습니다. 즉 주님의 음성을 통해 그들은, 세상의 욕구에 사로잡힌 자에게 되돌아오는 것은 결국 허망함과 공허함뿐이라는 것을 알게 된 것입니다.

이것은 참으로 중요한 교훈입니다. 진리의 말씀 앞에 서기 전까지는 욕망에 눈먼 인간의 헛된 행진을 결코 멈출 수 없기 때문입니다.

그런데 여기서 우리가 좀 더 깊이 눈여겨볼 점이 있습니다. 그것은 예수님께서 하신 이 질문 속에 전체 성경 가운데 유독 이 본문에만 유일회적으로 사용된 **'두 개의 단어'**가 있다는 사실입니다.

첫째는, **'고기'**라는 단어입니다. 물고기를 의미하는 헬라어는 **'*ikthus*' (익투스)**로서, 신약성경에 나타나는 물고기라는 단어는 모두 이 단어를 쓰고 있습니다. 그런데 딱 한 군데 예외가 있는데 그것이 바로 본문입니다. 여기서 주님이 너희에게 고기가 있느냐고 물으실 때는

참고 사항

'*ikthus*' (**익투스**)가 아니라 '*prosphagion*' (**프로스파기온**)이란 단어를 쓰십니다. 이 단어의 본래 뜻은 물고기란 의미가 아니라 식탁 위에 올려지는 진미, 즉 진귀한 음식을 가리키는 말입니다. 따라서 이 단어의 참뜻을 살리면 주님의 질문은 이런 의미가 됩니다.

"얘들아! 너희가 정말 귀한 것을 얻었느냐?"

결국 이 질문을 통해 주님께서는 '세상의 욕망에 사로잡혀 진리인 나를 등져서는 너희가 아무리 수고하여도 결코 귀한 것을 얻을 수 없다' 는 것을 말씀하신 것입니다.

둘째는, 주님께서 제자들을 부르시면서 사용하신 **'얘들아'** 라는 단어 '*paidion*' (**파이디온**)입니다. 이것은 아주 작은 어린아이들을 지칭하는 단어로서, 이미 성인이 된 제자들을 부르는 데 사용하기에는 전혀 적합하지 않은 단어입니다. 그래서 성경 속에서 본문 이외에 이 단어가 성인에게 호격으로 사용된 적은 한 번도 없습니다. 주님 역시 이제껏 제자들을 이런 식으로 부르신 적이 없었습니다. 그런데 여기서 딱 한 번 '어린아이들아!' 하고 부르셨습니다.

참고 사항

그렇다면 그 의미가 무엇이겠습니까? 지금 자신들이 해야 할 일이 무엇인지, 있어야 할 곳이 어디인지 알지 못한 채 단지 허망한 바다를 향해 헛수고만 하고 있는 제자들이 주님의 눈에는 철없는 어린아이와 같이 비쳤던 것입니다. 참고 성경 구절

※ **참고 성경 구절** – "형제들아 내가 신령한 자들을 대함과 같이 너희에게 말할 수 없어서 육신에 속한 자 곧 그리스도 안에서 어린아이들을 대함과 같이 하노라 내가 너희를 젖으로 먹이고 밥으로 아니하였노니 이는 너희가 감당하지 못하였음이거니와 지금도 못하리라 너희는 아직도 육신에 속한 자로다 너희 가운데 시기와 분쟁이 있으니 어찌 육신에 속하여 사람을 따라 행함이 아니리요"(고전 3:1-3)

이러한 예수님의 음성을 통해 우리의 모습을 뒤돌아봐야 합니다. 우리가 사명을 버리고 철없는 어린아이처럼 세상의 육정을 따라 살아간다면 결국 아무것도 얻는 것 없는 허망한 인생이 될 것입니다. 우리가 추구하는 것은 영원한 것임을 깨달아야 합니다. 그리하여 철없는 어린아이처럼 세상적인 본능과 욕망에 얽매여 사는 것이 아니라, 성숙한 그리스도인이 되어 주님의 뜻을 이 땅에 펼쳐 가는 삶을 살아가야 합니다. 참고 성경 구절

※ **참고 성경 구절** – "때가 오래되었으므로 너희가 마땅히 선생이 되었을 터인데 너희가 다시 하나님의 말씀의 초보에 대하여 누구에게서 가르침을 받아야 할 처지이니 단단한 음식은 못 먹고 젖이나 먹어야 할 자가 되었도다 이는 젖을 먹는 자마다 어린아이니 의의 말씀을 경험하지 못한 자요"(히 5:12-13)

이렇게 실패의 자리에서 방황하고 있는 제자들을 향해 주님은 말씀하십니다.

> "이르시되 그물을 배 오른편에 던지라 그리하면 잡으리라 하시니 이에 던졌더니 물고기가 많아 그물을 들 수 없더라"(6절)

이 말씀 속에 인생을 향한 놀라운 비밀이 숨겨져 있습니다. 그것은 우리 인생의 성공과 실패가 단지 배 한 폭의 차이일 뿐이라는 사실입니다. 그 배 한 폭의 차이가 무엇입니까? 바로 **'순종'** 입니다. 즉 주님의 말씀에 순종하느냐 마느냐 하는 것이 인생의 성공이냐 실패냐를 판가름한다는 것입니다.

결국 **믿음이란, 우리 인생의 왼편을 포기하는 것입니다. 그리하여 주님의 말씀을 따라 우리 인생의 오른편을 좇는 것**입니다. 그때에야 길이요 진리요 생명이신 주님의 말씀 안에서 내 인생의 참된 의미를

찾을 수 있습니다. 이 의미를 찾게 될 때 우리의 생이, 또한 우리가 하는 사역이 밀알처럼 작게 보인다 할지라도 무한한 가치를 지니게 될 것입니다.

3. 사명을 회복한 제자들

"예수께서 사랑하시는 그 제자가 베드로에게 이르되 주님이시라 하니"(7절 상)

그물 가득 물고기를 길어 올리며 요한은 한 사건이 떠올랐습니다. 바로 3년 전 똑같은 사건이 똑같은 장소에서 똑같은 사람에게 일어났었던 일입니다(눅 5:5-6). 주님께서 제자들을 처음 부르실 때와 같은 이적이 나타나자 요한은 이 음성의 주인공이 예수님이란 것을 알아차렸습니다. 그리하여 곁에 있던 베드로에게 **"주님이시라"**고 외쳤던 것입니다.

그렇다면 무엇 때문에 주님은 이렇게 똑같은 사건을 통하여 제자들에게 다가오신 것일까요? 그 이유는 주님께서 다시금 제자들에게 사람 낚는 어부가 되라는 것을 강조하기 위해서입니다. **첫 번째 이적은 자신의 욕망을 길어 올리는 사건**이었습니다. 따라서 제자들은 예수님을 자신의 욕망을 성취하기 위한 수단으로만 생각했습니다. 그래서 실패했던 것입니다.

결국 그 그물은 찢어지고 말았습니다(눅 5:6). 그러나 이제 부활하신 주님 앞에 길어 올리고 있는 물고기는 **주님의 사명을 깨닫게 하는 그물질**이었습니다. 이처럼 주님께서는 똑같은 사건을 통해 지난날의 잘못을 돌아보게 하셨던 것입니다. 제자들이 주님의 진정한 제자가 될 수 있었던 것은, 바로 이 두 번째 사건 이후부터였습니다. 참고 성경 구절

※ **참고 성경 구절** – "그렇게 하니 고기를 잡은 것이 심히 많아 그물이 찢어지는지라"(눅 5:6)

우리도 많은 순간 주님의 사명을 감당한다고 생각하지만 그 사역 속에서 자신의 욕망을 길어 올릴 때가 있습니다. 그러므로 우리는 매 순

간 자신의 사역 속에서 주님의 마음을 길어 올리고 있는지 점검해 봐야 합니다. 자신의 욕망을 길어 올리려 했던 제자들에게 십자가는 실패의 자리요, 좌절의 자리일 뿐이었습니다. 하지만 주님의 마음을 길어 올리기 시작했을 때 십자가는 희망의 자리요, 찬란한 승리의 자리로 변화되었습니다.

그러므로 우리는 모든 사역 현장에서 오직 주님의 뜻만을 펼쳐 가야 합니다. 그때에야 하늘로부터 오는 아름다운 열매들을 맺어갈 수 있을 것입니다.

> "시몬 베드로가 벗고 있다가 주님이라 하는 말을 듣고 겉옷을 두른 후에 바다로 뛰어내리더라"(7절 하)

요한의 외침을 듣자마자 베드로는 배를 뭍에 댈 겨를도 없이 바다로 뛰어내려 주님을 향해 달려갑니다. **'주님'** 이라는 음성을 들은 베드로에게 고기는 이제 더 이상 안중에도 없었던 것입니다.

바로 이러한 모습이 하나님으로부터 버림받은 '가룟 유다' 와 위대한 사역자가 된 '베드로' 의 다른 점입니다. 예수님을 팔았다는 죄책감에 못 견디다 결국 자살을 택했던 가룟 유다, 그에게는 자신의 교만이 하나님의 말씀보다 더 컸습니다. 그래서 연약한 자신을 하나님 앞에 내어놓고 회개하기보다는 스스로 목숨을 끊는 길을 택했던 것입니다.

그러나 베드로는 그렇지 않았습니다. 그 또한 가룟 유다처럼 연약한 인간의 모습을 지니고 있었지만, 그에겐 여전히 주님이 필요했습니다. 그래서 또다시 실패의 자리에서 방황하고 있는 자신을 향해 주님이 다가오자 지금까지의 허물을 돌아보지 아니하고 주님을 향해 달려갈 수 있었던 것입니다. 예수님을 판 가룟 유다나 예수님을 부인하고 저주한 베드로나 잘못한 것은 마찬가지였습니다. 그러나 실패를 실패로 인정하고 주님을 향한 사랑을 끝까지 포기하지 않았을 때, 베드로는 비로소 하나님의 교회의 귀중한 밑거름이 되는 삶을 살게 되었습니다.

참고 사항

때로는 사명을 감당하는 중에 베드로와 같이 실패의 자리에 있을 수 있습니다. 그러나 주님은 반드시 우리를 찾아와 주시고 만나 주십니다. 그때 우리는 주께서 내게 주셨던 은혜를 생각하며 바로 주님 앞에 달려와야 합니다. 잠깐 실수할 수는 있어도 그 자리에 계속 머물러 있으면 안 된다는 말입니다. "주님이시다" 할 때 물속으로 뛰어든 베드로처럼 하나님 앞에 적극적인 신앙인이 될 때, 하나님께서 친히 당신의 손으로 우리를 아름다운 하늘나라의 사역자로 세우실 것입니다.

그렇게 베드로가 정신없이 주님 앞에 달려왔을 때, 당황스럽게도 그 앞에 아침상이 차려져 있었습니다.

> "육지에 올라보니 숯불이 있는데 그 위에 생선이 놓였고 떡도 있더라"(9절)

무엇 때문에 주님은 자신이 보일 수 있는 여러 가지 행동 중 아침 밥상을 차리는 것을 선택하셨을까요? 그것은 한마디로 **'사랑을 보이시기 위함'** 이었습니다. 밤새 세상에서 헛된 욕망의 그물질을 하며 허기가 진 제자들에게 그 순간 무엇이 가장 필요한지 주님은 이미 알고 계셨습니다. 그래서 주님은 아무 말 없이 아침 밥상을 그들에게 차려주심으로 자신의 사랑의 지평이 얼마나 깊고 섬세한지 보이셨습니다.

사명을 받은 자들임에도 불구하고 그 길을 외면했던 제자들이 그 끝없는 주님의 사랑 앞에서 녹아지기 시작합니다. 결국 이 사랑의 나눔을 통하여 주님은 좌절과 실패의 자리에 있던 제자들을 하늘나라의 사역자로 세우신 것입니다.

우리가 진정으로 주님의 길을 따르는 사역자라면, 예수님처럼 언제나 사랑과 용서의 만찬을 준비하는 자가 되어야 합니다. '사랑의 식탁', 그 자리를 통하여 제자들이 새롭게 사명자로 서게 된 것처럼 세상과의 힘겨운 싸움 속에서 지치고 실패한 자들에게 다시금 사명을 불어넣어 주는 사랑의 나눔이 있어야 하는 것입니다. 그것이 진정으로 주님의 사랑을 받은 자의 삶입니다.

"예수께서 이르시되 와서 조반을 먹으라 하시니 제자들이 주님이신 줄 아는 고로 당신이 누구냐 감히 묻는 자가 없더라 예수께서 가셔서 떡을 가져다가 그들에게 주시고 생선도 그와 같이 하시니라" (12-13절)

지금 이 순간 제자들에게 필요한 것은 질책이나 훈계가 아니라 주님의 넉넉한 사랑이었습니다. **'사랑'**, 바로 그것만이 하늘나라 사역자를 세우는 유일한 길입니다. 인간적으로 보기에는 한없이 초라한 패배자들이지만 그들을 사랑으로 품어 주고 회복시켜 주었을 때, 그들은 세상을 향한 위대한 사도로 거듭날 수 있었습니다. 오직 사랑만이 진정한 능력입니다.

참고 사항

토의 사항

당신의 그물질은 세상의 욕망을 길어 올리는 것입니까? 아니면 하늘나라 백성을 길어 올리는 것입니까? 그 그물질이 헛되지 않도록 당신의 삶을 어떻게 조정하기 원하십니까?

12과

생명과 사랑을 전하는 사역자

(요 21:15-25)

12과

생명과 사랑을 전하는 사역자

(요 21:15-25)

사랑의 식탁을 통해 사명을 회복한 베드로, 그는 주님을 향해 고개를 들 수 없을 만큼 한없이 죄송한 마음이 들었습니다. 그러나 주님은 그런 베드로를 책망하지 않으십니다. 오히려 베드로 안에 살아 숨쉬고 있는 주님을 향한 사랑을 회복시킴으로, 다시금 하늘나라의 사역자로 서게 하십니다.

1. 사명의 길

실패의 자리에 있던 제자들을 품으시고 그들의 필요를 다 채워 주시고 난 뒤, 주님께서는 지금까지 그토록 묻고 싶었던 질문을 던지십니다.

1) 예수님의 질문

> "그들이 조반 먹은 후에 예수께서 시몬 베드로에게 이르시되 요한의 아들 시몬아 네가 이 사람들보다 나를 더 사랑하느냐"(15, 16, 17절 상)

지금 예수님 앞에 앉아 있는 베드로는 말 그대로 '배신자' 였습니다. 우리 인간들이 이러한 상황에 맞닥뜨리게 되면 보통 세 가지 반응이 나타납니다. 첫째는, 감정이 앞서서 나중에 후회할지라도 배신자를 향해 욕설을 퍼붓고 주먹을 휘두르는 것입니다. 둘째, 감정을 절제할 줄 아는 사람은 자신이 얼마나 그에게 잘해 줬는지를 상기시키면서, 왜 나를 배신했는지 그 이유를 따지려 들 것입니다. 마지막으로 좀 더 성숙한 사람이라면, 지나간 과거는 불문에 붙인 채 다시는 인간답지 않게 배신자가 되지 말 것을 따끔하게 훈계할 것입니다. 이것이 '배신자'를 대할 때 보편적으로 인간들이 취하는 행동 방식입니다.

그러나 주님이 택하신 방법은 우리와는 전혀 달랐습니다. 주님께서는 인자한 음성으로 **"요한의 아들 시몬아 네가 이 사람들보다 나를 더 사랑하느냐"** 하고 물으실 뿐이었습니다. 그런데 참으로 이상한 것은 주님께서 베드로를 부르는데 굳이 **'요한의 아들 시몬'**이라는 이름으로 부르셨다는 사실입니다.

'시몬'이라는 이름은 베드로가 주님으로부터 사명을 받기 전에 불리던 이름이었습니다. 하지만 그가 주님의 부름을 받고 난 다음에는 항상 '시몬 베드로', 혹은 '베드로'라 부르셨습니다.

그런데 유독 이 본문에서만 '요한의 아들 시몬'이라 칭하신 것입니다. 그 이유가 무엇입니까? 사명의 자리를 떠나 육의 욕정에 눈이 멀어 살아가는 삶은 더 이상 하늘나라의 사역자로서가 아니라 자연인으로 돌아가 버린 것임을 기억하게 하기 위함이었습니다. 주님께서는 베드로가 사명을 잃어버린 자리에 있을 때마다 그를 '시몬'이라 부르시며, 자연인의 자리에서 사명자의 자리로 돌아오길 원하셨습니다.

그렇습니다. 사명의 자리를 떠나 육의 자리로 돌아간 자는 그 누구나 **'요한의 아들 시몬'**일 뿐, 하늘나라 사역자인 **'베드로'**가 될 수는 없습니다.

> "돌아오사 제자들이 자는 것을 보시고 베드로에게 말씀하시되 시몬아 자느냐 네가 한 시간도 깨어 있을 수 없더냐"(막 14:37)

주님은 그토록 허물 많은 자연인의 상태에 있는 베드로에게 **"네가 나를 사랑하느냐?"**고 물으십니다. 예수님은 결코 "네가 또 나를 배신

하려느냐?", "이제 내가 하나님의 아들인 줄 믿겠느냐?"고 묻지 않으셨습니다. 오직 **'사랑'** 을 물으셨습니다. 이것은 사랑을 주고 있는 자만이 물을 수 있는 질문입니다. 바로 이것이 주님께서 일하시는 방법입니다.

상대방의 허물을 지적하는 것만으로는 결코 그 사람을 새롭게 할 수 없습니다. 오히려 죄책감과 자괴감만 느끼게 할 뿐입니다. 그러나 사랑하게 되면 모든 것이 새롭게 될 수 있습니다. 그래서 주님은 베드로 안에 심겨져 있던 주님을 향한 사랑을 다시금 발견케 하심으로 그가 하늘나라의 사역자로 설 수 있게 하신 것입니다.

이러한 예수님의 물음 앞에 베드로는 만감이 교차했을 것입니다. 그리고 자신의 많은 허물 때문에 감히 입에서 **'사랑'** 이라는 말조차 꺼낼 수 없다고 생각했을지도 모릅니다. 그러나 베드로는 용기를 내어 주님의 질문에 대답하기 시작합니다. 주님의 이러한 **'사랑의 물음'** 에 '응답하는 것' 에서부터 **'베드로의 사명 회복'** 은 시작된 것입니다.

2) 베드로의 응답

"……이르되 주님 그러하나이다 내가 주님을 사랑하는 줄 주님께서 아시나이다"(15, 16, 17절 중)

베드로는 과거의 많은 허물에도 불구하고 예수님의 물음 앞에 **"내가 주님을 사랑하는 것을 주님이 아십니다"**라고 대답합니다. 우리가 보기에는 조금 의아한 대답입니다. 분명 베드로는 주님을 부인하고 저주까지 했던 사람이기 때문입니다. 어떻게 그런 대답이 가능한 것일까요? 그 이유는 베드로의 대답이 과거형이 아니기 때문입니다. 즉 베드로는 **"내가 주님을 사랑하였다"**고 말한 것이 아니라, **"내가 지금 주를 사랑하고 있다"**고 현재형으로 대답한 것입니다.

조금 전까지도 세상의 썩어질 것을 얻으려고 헛된 수고를 반복하던 모습에서 이 순간 다시 주님을 바라봄으로 "내가 이제는 주님을 사랑하고 있다"라고 고백하고 있는 것입니다.

물론 이전에도 베드로는 주님을 사랑했습니다. 그러나 그때의 사랑은 베드로의 방식대로, 베드로의 한계에서, 베드로의 모습에 기반한 **'자기중심적인 사랑'** 이었습니다. 그러나 지금 이 순간 베드로가 고백하고 있는 사랑은 주님의 말씀에 기반한 **'신실한 사랑'** 입니다.

길이요 진리요 생명이신 부활의 주님 앞에 다시 섰을 때, 그가 밤이 새도록 추구해 왔던 세상 것들이 얼마나 공허하고 덧없는 것인지를 뼈저리게 느꼈기 때문입니다. 그러하기에 베드로는 내 모든 사랑을 "주께서 아시나이다"라고 고백할 수 있었습니다.

이러한 사랑의 응답을 세 번에 걸쳐 하는 동안 베드로는 자신 안에 남겨져 있던 수많은 상처들이 깨끗하게 치유되는 것을 경험할 수 있었습니다.

3) 사명 받은 베드로

주님을 향해 진실한 사랑을 고백하는 베드로에게 주님께서는 당신의 양을 치고, 먹이라는 사명을 주십니다. 그렇습니다. 주님은 오로지 자신을 사랑하는 자들에게만 사명을 주십니다. 때문에 사명의 길을 걸어가는 데 있어서 얼마나 능력 있고 똑똑한가는 그리 중요하지 않습니다. 오직 주님을 향한 사랑이 있느냐가 중요합니다. 바로 그 사랑이 있을 때 주님은 우리에게 사명을 맡기시고, 우리 또한 기꺼이 그 사명의 길을 걸어갈 수 있습니다. 결국 주님을 사랑한다는 것은 말뿐인 고백이 아니라, 주님의 양들을 돌보는 삶이 동반되는 것임을 깨달아야 합니다.

①**"내 어린 양을 먹이라"(15절 하).** 예수님께서 베드로에게 **"내 어린양을 먹이라"**고 처음 명령하실 때 **'*arnion*' (아르니온)**이란 단어를 쓰십니다. 이것은 어린 양 중에서도 가장 어리고 작은 양, 이제 갓 태어난 양을 의미합니다. 즉 주님께서는 베드로에게 가장 연약하고 어린 양을 돌보는 것으로 자기를 향한 사랑을 나타내라고 명하신 것입니다.

우리 사역의 현장에서 **'새 가족'**을 잉태하고 돌보는 것, 그것이 바로 아르니온을 먹이는 것입니다. 이것이 사역의 가장 기본이요, 핵심임을 잊어서는 안 됩니다.

②**"내 양을 치라"(16절 하).** 예수님께서 두 번째 **"내 양을 치라"**고 명령하실 때는 **'*probation*' (프로바티온)**이라는 단어를 사용하십니다. 이것은 어린 양보다는 크지만 장성한 양이 되기에는 턱없이 부족한 상태의 양을 뜻합니다. 사람으로 말하면 청소년기에 해당될 수 있습니다. 이러한 양을 장성한 상태에 이르러 제 구실을 할 수 있도록 돌봐주라는 것입니다.

그렇다면 이것은 어떤 사역을 의미할까요? 바로 **'목장 사역'**입니다. 목장 속에서 아직 사랑과 돌봄이 필요한 이들을 품고 사랑함으로써 하늘나라의 사역자가 될 수 있도록 키워 가라는 것입니다.

③**"내 양을 먹이라"(17절 하).** 마지막으로 주님께서 **'내 양을 먹이라'**는 말씀을 하실 때 **'*probaton*' (프로바톤)**이라고 말씀하십니다. 이

양은 발육이 끝난, 정상적인 상태에 있는 양을 의미합니다.

이들은 장성한 가정을 이루는 양들, 즉 **'밴드원'** 들을 일컫습니다. 장성한 상태에 이른 양들에게도 계속해서 말씀의 꼴을 먹여 병들지 않고 건강한 모습으로 자기보다 어린 양들을 돌보고 번식해 갈 수 있도록 도우라는 의미입니다.

이렇듯 주님께서는 베드로에게 당신의 양을 돌보라고 명령하실 때 어떤 특정 상태의 양만을 국한하여 지칭하신 것이 아니라, 갓 태어난 양에서부터 발육이 모두 끝난 양에 이르기까지 모든 양들을 구별 없이 돌보라고 명하십니다. 즉 어떤 장소, 어떤 위치, 어떤 상황에서든지 모든 양들을 사랑하고 돌보라는 뜻입니다.

2. 순교의 길

주님께서는 당신의 사명을 모두 맡기신 후에 다음과 같이 말씀하십니다.

> "내가 진실로 진실로 네게 이르노니 네가 젊어서는 스스로 띠 띠고 원하는 곳으로 다녔거니와 늙어서는 네 팔을 벌리리니 남이 네게 띠 띠우고 원하지 아니하는 곳으로 데려가리라"(18절)

이 말씀의 의미는 19절에 드러납니다.

> "이 말씀을 하심은 베드로가 어떠한 죽음으로 하나님께 영광을 돌릴 것을 가리키심이러라"(19절 상)

과연 무엇 때문에 아직도 젊은 베드로를 향해 늙어서 순교할 것을 미리 예언하신 것일까요? 그것은 **주님을 사랑한다는 것이, 그리고 그**

참고 사항

사명을 받아 살아가는 일이 자신의 전 생애를 내어놓는 결단이 필요한 것임을 일깨워주기 위함이었습니다. 베드로는 사랑의 고백을 통하여 주님의 사역을 이어받았습니다. 따라서 이제 베드로는 그분이 그러하셨듯이 길 잃은 양 떼를 먹이고, 돌보며, 사랑으로 품어야만 합니다. 즉 베드로가 이 땅의 또 하나의 예수가 되어 살아가야 한다는 말입니다.

그렇게 살아가게 될 때 세상 사람들은 주님께 했던 것처럼 베드로 또한 핍박할 것입니다. 그를 미워하고 모함할 뿐 아니라, 심지어는 예수님을 죽였던 것처럼 베드로도 죽일 것입니다.

그래서 주님은 겟세마네 동산에 올라가기 바로 전, 제자들을 모아 놓고 마지막 설교를 하시며 **"사람들이 나를 박해하였은즉 너희도 박해할 것이요"**(요 15:20)라고 말씀하셨던 것입니다. 그러나 이 고난이 헛되지 않는 이유는, 이러한 고난의 자리를 통하여 베드로의 삶이 예수님과 같이 되는 영광을 얻게 될 것이기 때문입니다. 그러하기에 지금부터 베드로가 당하는 모든 고난은 영광스러운 아픔이요, 희생이 될 것입니다. 참고 성경 구절

※ **참고 성경 구절** – "오직 너희가 그리스도의 고난에 참예하는 것으로 즐거워하라 이는 그의 영광을 나타내실 때에 너희로 즐거워하고 기뻐하게 하려 함이라 너희가 그리스도의 이름으로 욕을 받으면 복 있는 자로다 영광의 영 곧 하나님의 영이 너희 위에 계심이라"(벧전 4:13-14)

"내가 진실로 진실로 너희에게 이르노니 한 알의 밀이 땅에 떨어져 죽지 아니하면 한 알 그대로 있고 죽으면 많은 열매를 맺느니라" (요 12:24)

양초를 보십시오. 양초는 자신을 태워 세상에 빛을 발합니다. 양초가 자신을 태우는 것은 희생이지만, 한편으로는 그때에야 양초가 양초로서 의미 있는 것입니다. 그러므로 양초가 빛을 발하기 위해 자신을 태우는 행위를 꼭 희생이라고만 말할 수는 없습니다. 오히려 이러한 행위는 양초 스스로 빛의 세계가 되기 위한 자기 승화로 볼 수 있습니다. 이러한 이해에 기반해서 예수님의 삶을 바라봅시다.

예수님께서는 우리 인간들을 영원한 생명의 세계로 이끌기 위하여

십자가에서 죽으셔야만 했습니다. 그러나 만약 그분이 우리를 위해 자신을 태우지 않았다면 어찌 우리의 구원자가 될 수 있었겠습니까? 결국 예수님이 우리의 구주가 될 수 있었던 것은 자신의 삶을 태워 구원의 빛이 되어 주셨기 때문입니다.

이와 같이 우리가 그리스도인이라고 한다면 그 이름에 걸맞게 예수님의 뒤를 따르는 삶이 되어야 합니다. 자기희생을 통해 빛을 발하는 삶이 되어야 한다는 말입니다. 아무리 양초의 모양을 가졌고 향기를 가졌더라도 빛을 발할 수 없는 양초는 이미 양초가 아니듯, 우리가 아무리 그리스도인이라는 이름을 가졌다 할지라도 그리스도를 따를 수 없는 삶이라면 이미 의미가 없기 때문입니다. 이러한 삶의 결단이 우리에게 아픔일 수 있습니다.

그러나 이를 통해 하나님께서 큰 영광을 받으실 것입니다. 그래서 주님께서는 앞으로 다가올 베드로의 죽음이 하나님께 영광을 돌리게 될 것이라고 말씀하신 것입니다.

그런 의미에서 이 모든 말씀을 마치신 후에야 비로소 주님께서는 베드로를 향해 **"나를 따르라"**고 하십니다. **'주님을 따르는 삶'**, 그것은 세상이 보기에 고난의 길이요 아픔의 길이지만, 하나님이 볼 때는 승리의 길이요 영광의 길입니다. 결국 우리가 전적으로 주님을 따르는 삶을 살아가게 될 때, 우리는 비로소 이 땅 위에 작은 예수로 서게 될 것입니다.

참고 사항

십자가의 길 순교자의 삶

하스데반

내 마음에 주를 향한 사랑이
나의 말엔 주가 주신 진리로
나의 눈에 주의 눈물 채워주소서
내 입술에 찬양의 향기가
두 손에는 주를 닮은 섬김이
나의 삶에 주의 흔적 남게 하소서

하나님의 사랑이 영원히 함께하리
십자가의 길을 걷는 자에게
순교자의 삶을 사는 이에게

조롱하는 소리와 세상 유혹 속에도
주의 순결한 신부가 되리라
내 생명 주님께 드리리.

3. '생명'과 '사랑'을 전하는 자가 되라

"이 일들을 증언하고 이 일들을 기록한 제자가 이 사람이라 우리는 그의 증언이 참된 줄 아노라"(24절)

여기서 **'이 사람'**은 **'요한'**을 일컫습니다. 요한은 자기 자신을 객관화시켜 이 모든 증언이 참됨을 선포하고 있습니다. 그렇다면 **요한복음에 드러나고 있는 '증거'의 핵심**은 무엇입니까? 그것은 바로 **'생명'**과 **'사랑'**입니다. 설명하자면, **첫째, '주님 안에서만 참 생명을 얻을 수**

있다' 는 것입니다. **둘째는,** 그러한 생명을 얻은 자라면 그 자리에 머물지 말고 **'나아가 사랑을 행하라'** 고 명하십니다. **셋째는,** 그 사랑의 결실로 세상 사람들의 **'생명을 구하는 자가 되라'** 는 것입니다. 요한복음은 바로 그러한 목적을 가지고 기록되었습니다.

"예수께서 행하신 일이 이 외에도 많으니 만일 낱낱이 기록된다면 이 세상이라도 이 기록된 책을 두기에 부족할 줄 아노라"(25절)

이 말씀은 **'두 가지 의미'** 로 정리할 수 있습니다. **첫째는, 요한복음이 목적을 가지고 쓰여졌다는 것**입니다. 다시 말해, 이 세상에 도저히 다 기록할 수 없을 만큼 많은 예수의 행적 중에서 '생명'과 '사랑'의 초점을 가지고 이 글을 썼다는 의미입니다.

둘째는, 예수님께서 우리 각자에게 행하신 행적과 베푸신 은혜가 너무나 크다는 뜻입니다. 즉 우리를 향하신 주님의 은혜가 너무나 넓고 깊어서 도저히 인간의 필설로는 다 표현할 수 없다는 것입니다.

그렇다면 우리에게 이 마지막 구절이 의미 있는 이유가 무엇입니까? 그것은 바로 이 구절을 교량으로 4복음서가 마무리되고 사도행전이 열리는 데 있습니다. 주님의 복음 안에 있는 놀라운 은혜, 그 부족함이 없는 은혜만이 사도행전의 문을 여는 열쇠요, 막을 올리는 동력입니다.

지극히 초라했던 갈릴리의 어부와 세리들이 어떻게 사도행전의 증인이 될 수 있었습니까? 그것은 바로 온 세상에도 다 기록할 수 없는 주님의 은혜 때문이 아니었습니까? 그 은혜를 인하여 '생명'과 '사랑'을 얻게 된 제자들이 그것을 전하기 위해 생명을 바치는 삶의 기록이 바로 '사도행전' 입니다.

오늘날 우리 그리스도인들도 주님으로부터 동일한 은혜를 받았습니다. 그렇다면 이제 우리가 그 은혜를 입은 자답게 이 시대의 새로운 사도행전을 기록해 가야 하지 않겠습니까? 그 길이 비록 험난한 가시밭길이라 해도 우리의 발걸음을 주님이 주장하시고 기뻐하실 것입니다. 그리고 그 모든 길의 끝에 우리는 드디어 **'하늘나라의 상급'** 을 받는 자가 될 것입니다. 그 소망이 있기에 오늘도 우리는 이 땅에서 하나님 나라의 사역자로서의 삶을 살아갈 수 있습니다. 그 목적이 우리를 이끌고 계십니다.

지금 이 순간 결단하십시오. 그리고 주님을 향해 나아가십시오. 주님이 당신을 부르고 계십니다. 그 부르심은 저 높은 곳에서의 고귀한 부르심입니다. 그 부르심 앞에 **"예! 주님, 내가 여기 있습니다"**라고 고백한 자들은 주님이 다시 오시는 날 영원한 천국에서 창세전에 있었던 그리스도의 영광에 함께 참예하여 기뻐하게 될 것입니다.

"내가 이것을 이미 얻은 것도 아니며, 또 이미 목표점에 다다른 것도 아닙니다. 그리스도 [예수]께서 나를 사로잡으셨으므로, 나는 그것을 붙들려고 좇아가고 있습니다. 형제자매 여러분, 나는 아직 그것을 붙들었다고 생각하지 않습니다. 내가 하는 일은 오직 한 가지입니다. 뒤에 있는 것을 잊어버리고, 앞에 있는 것을 향하여 몸을 내밀면서, 그리스도 예수 안에서 하나님께서 위로부터 부르신 그 부르심의 상을 받으려고 목표점을 바라보고 달려가고 있습니다"(빌 3:12-14 ; 표준새번역)

토의 사항

주님께서 당신을 통해 이 시대의 사도행전을 쓰기 원하십니다. 결단하시겠습니까?

교회 체질 개선을 위한 평신도 훈련 교재

사역하는 그리스도인

요·한·복·음 2

2011년 6월 10일 인쇄
2011년 6월 15일 발행

지은이 | 장학일
발행인 | 이형규
발행처 | 쿰란출판사

주소 | 서울 종로구 이화동 184-3
TEL | 02-745-1007, 745-1301~2, 747-1212, 743-1300
영업부 | 02-747-1004, FAX / 02-745-8490
본사평생전화번호 | 0502-756-1004
홈페이지 | http://www.qumran.co.kr
E-mail | qumran@hitel.net
qumran@paran.com
한글인터넷주소 | 쿰란, 쿰란출판사

등록 | 제1-670호(1988.2.27)

책임교열 | 김향숙, 김유미

값 9,000원

ISBN 978-89-6562-138-6 94230
978-89-6562-136-2 (세트)